Phoenician Mythology

腓尼基神話

影響希臘與羅馬神話·地中海紫紅之國的神祕傳說

龔琛 著

目錄

第二章

腓尼基神話體系

第三章 腓尼基神話故事

前言

兩千五百年前，古希臘人希羅多德（Herodotus）乘船環遊地中海世界。

希羅多德出生於今土耳其西南沿海的古城哈利卡那索斯（Halicarnassus），一個名門望族之家，自幼受到良好教育。自從捲入城邦政治風暴被放逐之後，希羅多德開始了一段跨越歐亞的漫長遊歷。他一邊經商一邊旅行，並將自己的所見所聞一一記錄下來，編成一本書。書中非常生動地敘述了西亞、北非以及希臘等不同文明區二十餘國度的山川河流、奇風異俗。這部著作宛如古代地中海世界的「百科全書」，記錄下希羅多德遊歷過程中見識到的各民族生活圖景，書中提及的地理環境、民族分布、經濟生活、政治制度、歷史往事、風土人情、宗教信仰和名勝古蹟等內容，成為後世了解過去的一面魔鏡。

在這本書的第一卷中，希羅多德首先提及波斯帝國入侵希臘世界的舊事，並且借波斯人之口，責備了一個挑起戰亂的民族：「根據有學識的波斯人的說法，最初引起爭端的是腓尼基人（Phoenicians）……」

腓尼基人就是我們這本書的主角，關於這個古老民族的歷史與神話一直都撲朔迷離，而關於他們的記錄，基本上來自他們的敵人——希臘人和羅馬人。

在人類歷史上很少有征服者不去抹黑被征服者的例子，爭奪地中海霸權失敗的腓尼基人，就被希臘—羅馬世界視為品德低劣的民族。

在漫長的時間裡，西方人對腓尼基（Phoenicia）的歷史並不感興趣，腓尼基的文化痕跡也在腓尼基人被征服者同化後消失殆盡。基於近代的考古發現及人類和文化學的不斷進步，籠罩在腓尼基人身上的迷霧終於被逐步驅散。於是今天的我們終於能夠掃清歷史的塵埃，梳理記憶的脈絡，看清腓尼基人揚帆遠航的勇敢身影，知曉腓尼基神話豐富多彩的傳說故事。你會發現這個古老民族曾對世界文明發展做出過多少的貢獻，你會驚歎他們的神話如何啟蒙了埃及、希臘和羅馬神話。

現在就翻開這本書，走進腓尼基人的世界吧……

第一章

紫紅色的民族

腓尼基是對古代地中海東岸一連串城邦小國的統稱，它們集中在今天的敘利亞和黎巴嫩海岸線，約莫三百二十公里長的狹長地帶。這一區域西臨地中海，東倚黎巴嫩山，北接小亞細亞，南連巴勒斯坦，就在這樣一塊彈丸之地，卻誕生了古地中海世界的第一個航海和商業霸權。

腓尼基諸國中，國王的權力受到城邦長老會議的嚴格限制，長老會議由大奴隸主把持，城邦的官吏也從富有的貴族奴隸主中選出。腓尼基這個名字並不是這群城邦小國的自稱，就像「埃及」這個詞源自希臘語一樣，「腓尼基」同樣是希臘人對這群地中海東岸異族人的稱謂，意思是「紫紅之國」。

在當時的埃及、巴比倫、西臺和希臘等國度流行穿著紅袍，不過這些國家的染色技術不佳，鮮豔的時裝很容易會褪色。後來大家發現來自地中海東岸的一些人總是穿著鮮亮的紫紅色衣服，那些衣服的顏色似乎永不消褪，直到被穿破了，顏色也和新的時候一樣。於是，西元前三千年前的埃及人就稱呼這些人為「腓尼基」（紫紅色的人），後來希臘人沿用埃及人的稱呼，懷著羨慕嫉妒恨的心態將這些幸運兒稱為腓尼基人。

礁石上的腓尼基人——

首先，腓尼基人從何處來的呢？

考古學證據顯示，腓尼基人起源自肥沃的黎凡特（Levant）新月地帶，一般認為腓尼基人是閃米特人（Semitic）中的一支，與古猶太人很有淵源。西元前三千年起，腓尼基人的祖先遷徙到後來被稱為腓尼基海岸的地區，與此地生活了兩千年的土著居民胡里安人（Hurrians）融合。這些新來的移民選擇定居在易守難攻的海邊礁石上，並逐步建立起一個個城邦。研究者們透過考古研究，對腓尼基人的語言、生活方式和宗教進行考證，認為腓尼基人與黎凡特的其他居民之間差異很小，例如他們的近親和鄰居——以色列人。

這一論點得到了很多研究《聖經》的學者支持，他們指出，猶太人在遭到亞述進攻時，曾前往腓尼基海岸避難，後來又因為與腓尼基結盟而遭到羅馬人的憎恨和報復。即使在羅馬統治時期，猶太人也依舊頻繁前往腓尼基故地：「耶穌又離了推羅的境界，經過西頓，就從低加波利境內來到加利利海。」這裡所提及的推羅、西頓都是腓尼基人建立的城市，這些城市沿著今天的以色列、敘利亞和黎巴嫩等國海岸線一字排開，每一個城市都是一個獨立的城邦國家。

那麼，腓尼基人到何處去了呢？

二○○四年時，美國國家地理學會贊助了牛津大學的一項人類基因考察專案。專案負責人是人類基因學家斯賓塞・威爾斯（Spencer Wells）和皮耶爾・札羅亞（Pierre Zalloua），這兩位分別來自英國和黎巴嫩的科學家經過兩年的工作後，在地中海沿岸收集了兩千份血液樣本。他們將其與從黎巴嫩拉斯基法山洞中發現的四千年前的腓尼基人屍體進行了ＤＮＡ比對，得出結論：基本上可認為腓尼基人的直系後裔就是今天的黎巴嫩人。也就是說，不用問腓尼基人後來去哪裡了，幾千年過去，他們其實根本沒有搬過家……

聲名狼藉的民族

在大眾最為熟知的希臘傳說中，腓尼基的傳奇起源自一個腓尼基牧人的突發奇想。有一天他閒來無事，跑到地中海邊撿貝殼餵狗。還有一種說法是狗自己在海灘上叼了個貝殼回來，根本沒麻煩主人。無論開頭是什麼，總之，結果是這隻狗當著牧人的面把貝殼咬得粉碎，隨即嘴裡噴出一股紅色液體。

牧人一看，還以為是狗嘴被貝殼碎片劃破了，於是趕緊找清水為愛犬清洗。結果發現這種紅色液體並不是狗血，費了半天勁居然無法洗掉。愛動腦筋的牧人仔細觀察剩下的貝殼，發現這神祕液體來自貝殼內部的兩片軟組織。他把貝殼搗碎後，便得到了純天然、不褪色的紫紅色染料……按照希臘人的說法，腓尼基人自從發現了貝殼染料的奧祕之後，便放棄了農業生產，他們是「有錢就變壞，變壞更有錢」的典型，昔日的淳樸牧人成了手握皮鞭的奴隸主，驅使來自非洲的奴隸潛入冰冷的海水中捕撈貝殼製成染料，然後用一艘又一艘的商船將這種神奇的特產行銷海外。

當然，為腓尼基人賺取財富的貨物清單中並不是只有染料一種，被腓尼基人販運到地中海各地的，還有象徵不朽的黎巴嫩特產——雪松，阿拉伯沙漠中的瑪瑙、紅寶石、碧玉、水晶、黑曜石、彩色長石、雪花石膏、祖母綠和銅礦石，西奈半島源源不斷出產的銅錠和綠松石，近東以及西班牙的白銀和天青石，非洲地區的黃金、黑檀木、象牙、紫寶石、瑪瑙、碧玉、閃長岩、各種獸皮、香料、油脂、鴕鳥蛋、鴕鳥翎毛以及各種猿猴等奢侈品，都借由腓尼基人之手在地中海世界傳播流通。

精明的腓尼基人在地中海兩岸建立起一個個港口殖民地，並由小鎮和商棧逐漸發展為城邦。憑藉這種手段，腓尼基人成了控制了地中海的霸權，於是從以色列的阿什杜德、阿什科隆和厄科隆，黎巴嫩的推羅和西頓，一直到賽普勒斯、西西里、法國和西班牙的海岸線上，都遍布著腓尼基人的蹤跡。

在希臘和羅馬人的筆下，腓尼基商人待人苛刻，為人狡詐。他們用一船油脂騙取了西班牙人一船白銀，冒著船隻被超載白銀壓沉的危險返航；他們以榨取利潤的手段為標準選擇任命總督，致使腓尼基非洲領地的黑人慘遭橫徵暴斂，苦不堪言；他們不恥於海盜行為，卻公然在地中海上攔截商船進行搶劫；他們熱衷於奴隸買賣，經常誘騙自由人為奴，除了慣於誘拐岸上居民外，還會將靠岸者的船隻推入大海，迫使失去退路的可憐人賣身為奴……希羅多德就留下了如此記載：

當年腓尼基人將埃及和亞述貨物運抵希臘的阿爾戈斯王國進行交易，那裡是當時希臘最富強之地。

腓尼基貨船一直停留在海邊，在五、六天的時間裡就把貨物都賣光。

這時候阿爾戈斯國王伊那科斯（Inachus）的女兒伊娥（Io）與一些女伴登上貨船，當這些希臘女人站在船尾對著尾貨挑挑揀揀時，腓尼基商人們卻變了一副嘴臉，朝她們猛撲過去……

大部分的希臘女人逃開了，但仍有一些不幸的人被腓尼基人綁架到了埃及，其中就有伊娥公主本人。隨後，希臘人用以暴制暴的手段跑到腓尼基的推羅，搶回了可憐的公主，但在希羅多德筆下，這次復仇行為卻顯得正義凜然……希臘人和羅馬人認為，腓尼基人正是依靠這些低劣下作的手段積累了無數財富，以至於推羅城中「堆銀如土，堆金如沙」。環地中海世界的其他民族對其恨之入骨卻又無可奈何。

他們將腓尼基人描繪成為一種同時威脅東方和西方世界的窮凶極惡之徒：他們認為不能賺錢的人是可恥的，可以出賣一切東西去謀取利潤；他們是一個毫無教養的野蠻民族，族人全都是無恥的吸血奸商；他們軟弱怕死，依靠雇傭兵賣命；他們毫無底線地殺害自己的孩子以取悅神靈……

總之，希臘人和羅馬人眼中的腓尼基人是一個軟弱、懶惰、無誠信、殘暴的東方民族，他們的消亡是歷史的必然，也是正義的懲罰，這個看法一直到十九世紀時依然被西歐人全盤接受。羅馬人對腓尼基人的仇視情緒繼承自希臘人，並且將希臘人與腓尼基人時而通商時而交戰，折騰了十幾個世紀的複雜關係發展到極致。羅馬人不僅在實體上毀滅了迦太基等腓尼基文明的國度和人民，還將所有被征服城邦的檔案和圖書焚毀，或是贈送給自己的非洲蠻族盟友處置。由於希臘人和羅馬人數個世紀以來一直在努力抹殺腓尼基人的歷史，導致後世只能從他們單方面的證詞來追尋腓尼基人消逝的文明了。

如果說希臘人和羅馬人對腓尼基的描繪失之偏頗的話，那麼真正的腓尼基文化又是什麼樣的呢？

在一座腓尼基人建造的阿波羅神廟遺址中，出土了一份外形看似完好的檔案，這份檔案與其他成千上萬的卷軸一樣，寫在自埃及進口的莎草紙上。當時，腓尼基人寫好檔案之後，小心地捲起莎草紙，並用細繩纏繞，再糊上泥封，加蓋上印章。在當時的阿波羅神廟中，可以找到無數這樣的檔案，它們被密密麻麻地排放在一起以防散開受損。腓尼基人相信，將檔案存放在神廟中，太陽神的神聖權威能保證其完整安全地永久留存。然而這一切努力都在西元前一四六年化為烏有。

當羅馬士兵衝進神廟殺死避難者和祭司並洗劫縱火時，千千萬萬份檔案隨著整座神廟和城邦一起灰飛煙滅。雖然這份檔案幸運地保持了自己的外形，但內部的莎草紙早已化為灰燼。千百年來，腓尼基人在歷史長河中銷聲匿跡，無法為自己的名譽辯護。不過世上沒有絕對的事情，儘管羅馬人雷厲風行，手段殘酷，卻無法徹底清除腓尼基人的一切遺產，在歷史的邊邊角角還是留下了腓尼基文明的蛛絲馬跡。

腓尼基人雖然以航海與商業立國，但他們在農業、手工業和文學藝術方面也很有成就。

迦太基城陷落之際，羅馬元老院曾特別下令要搶救出一批無價珍寶，對於富甲地中海的迦太基城來說，這樣的珍寶會是什麼呢？答案有些出人意料！元老院想要的是迦太基大圖書館中存放的，由迦太基人馬戈（Mago）撰寫的二十八卷農業名著！

這批圖書被征服者小心翼翼地護送回羅馬，並翻譯成拉丁文廣為傳播。儘管馬戈的著作最終未能保存到今天，但史籍中仍然留下了關於這位古代地中海世界的農藝學權威的記載。然而令人遺憾的是，與馬戈著作一同存放在迦太基大圖書館中，浩若煙海的腓尼基歷史神話及文學典籍，卻只能在烈焰濃煙中與城市一同毀滅了。

雖然迦太基人沒能留下隻字片語，卻透過一個特別的方式向世人講述著他們的傳說——留下的許多墳墓。在考古學家看來，墳墓恰恰是回溯時光，走進歷史的最佳通道。因為墳墓是人類文明的獨特產物，建造目的不僅在於安放墓主的遺體，更是為了綜合展示墓主生前身分、地位、種族、習慣等等，而且不同身分的墓主，自然會有不同形制的墓葬。

古埃及新王國時期，腓尼基地區大部分時間是在埃及統治之下，深受埃及文化的影響，貴族奴隸主們不僅接受埃及風格的石棺和木乃伊製作技術，更將生前享用的生活器具、藝術品等一併埋入墳墓，以備自己在永生的來世繼續享用。在失去歷史文獻記載的情況下，腓尼基人的墳墓提供了強有力的證詞。貴族墓葬裡出土的大量隨葬品，不僅體現當時生產力發展水準和文化特色，更是墓主個人形象的展示舞台：

他是誰？

他生活在什麼時代？

他信仰什麼？

他喜歡什麼？

他經歷了什麼？

在不同時代裡，墳墓中隨葬的首飾、生活用品等等，不僅體現了當時的生產力發展水準，也表現出他們的文化與埃及和希臘等鄰近文明相互交融的過程。而壁畫和陶器彩繪則生動地表現出墓主生前的生活場景。透過對墳墓的發掘，一個個墓主站立在了考古學者眼前，在充斥著死亡氣息的墓穴中，腓尼基人開始復活。

說到這裡，就得先說說古埃及史上的一樁盜墓案件。要從法國巴黎羅浮宮博物館中收藏的一具來歷複雜的石棺講起。據說這具石棺原來的主人是埃及法老王，後來則變成了西頓國王埃什穆納札爾二世（Eshmunazar II）的長眠睡床。而西頓是腓尼基城邦國家之一，那麼為何腓尼基國王會躺在埃及國王的棺材中呢？正是因為盜墓。埃及人盜墓的歷史與他們建造金字塔的歷史一樣久遠，甚至更為久遠。埃及人代代口耳相傳：神廟中藏有財寶，墳墓裡有豐富的陪葬品。但一般來說，盜墓賊要的是財寶，很少有人會把石棺偷走。

從三千餘年前拉美西斯九世（Rameses IX）時期，一個八人盜墓團同夥的供述來看，埃及的盜墓賊通常是這樣行動的：「我們打開了棺材，揭去了覆蓋物，看到這位法老王那莊嚴的木乃伊頸部戴著一串黃金護身符和許多飾物，頭上戴著黃金面具。這位法老王莊嚴的木乃伊全身蓋著黃金。覆蓋物裡外都是金銀編製的，並且鑲嵌著各種寶石。我們剝下這尊神聖莊嚴的木乃伊身上的金衣，取下他頸上的護身符和飾物，拿走覆蓋的金被。我們還找到了法老王的妻子，並把她的木乃伊身上的東西剝光。我們還找到了殉葬的金瓶、銀瓶和鋼瓶，也統統偷走。我們把從這兩位神聖木乃伊身上取到的護身符、飾物、覆蓋的一切都分成了八份。」

瞧瞧，埃及的盜墓賊一點都不傻，沒人會去打石棺的主意。即便真的弄來這麼拉風的一件贓物，也不好銷贓不是嗎？那麼，埃什穆納札爾二世所使用的石棺又是哪個特立獨行的盜墓賊偷來的呢？西元前五二五年左右，登上王位的埃什穆納札爾二世是埃什穆納札爾一世（Eshmunazar Ⅰ）之孫，塔布尼特（Tabnit）國王和阿瑪施塔特王后之子。在這位少年擔任國王的日子裡，西頓的事情實際上由他母親說了算。當時波斯帝國皇帝岡比西斯二世（Gambises）征服了埃及，西頓和其他本屬於埃及附庸國的牆頭草紛紛改弦易轍，歸順了勢力滔天的波斯人。

根據希羅多德的記載，當時的埃及第二十六王朝法老是篡位上台的埃及將軍雅赫摩斯二世（Ahmose II），國家防線完全依靠貪婪無信而又矛盾重重的利比亞和希臘雇傭兵支撐。岡比西斯二世首先向雅赫摩斯二世索要一名埃及最好的眼科醫生，雅赫摩斯二世不敢得罪這個強鄰，便從埃及挑選了一名眼科醫生強行送到波斯。埃及人素來不願離開故土，所以這位心懷不滿的眼科醫生隨即挑唆岡比西斯二世向雅赫摩斯二世求娶公主，因為這樣會使波斯皇帝獲得埃及王位繼承權。

雅赫摩斯二世當然不願送出女兒，於是便讓前任法老阿普里斯（Apries）的女兒尼特緹絲（Nitetis）頂替自己的女兒出嫁。問題是，這位公主可是遭到他背叛的前法老的女兒，就在她嫁到波斯之後，將事情的經過告訴了岡比西斯二世。岡比西斯二世勃然大怒，決定出征埃及。就在此時，雅赫摩斯二世的希臘雇傭軍首領法涅斯（Phanes of Halicarnassus）也與他鬧翻了，法涅斯不僅丟了工作，還差點丟了性命，於是這個被一路追殺的希臘人決定攜帶大批埃及軍事情報投奔岡比西斯二世。

這下岡比西斯二世更加胸有成竹，他率領的波斯大軍勢如破竹。波斯的戰艦由西頓等腓尼基國家提供，但是沒怎麼派上用場。在梵諦岡博物館中收藏著一座埃及貴族烏加霍列森尼（Udjahorresne）的雕像，雕像上的銘文記載了這位賽斯城奈特女神神廟的祭司暨埃及海軍統帥，在波斯人入侵時勾結侵略者葬送自己祖國的行徑——銘文來自烏加霍列森尼本人執筆的自傳。

當波斯順利征服埃及之後，忠誠的西頓王國自然也得到了皇帝陛下的歡心，沒想到國王伊什穆納紮爾二世卻不幸去世，西頓這邊提出了一個想法：在孟斐斯（Memphis）的墓地中尋找上等大理石材打造棺木。看人家腓尼基人把盜墓說得多優雅。消息傳到岡比西斯二世那裡，波斯皇帝一拍大腿說：「找什麼找，從土裡挖一個現成的不就行了嗎？」於是，一位長眠在孟斐斯國王谷中的埃及法老王從自己的棺中被拖出，沉重的石棺被千里迢迢運到西頓，成就了國際盜墓史上的一樁傳奇。

黎巴嫩南部西頓附近出土，西元前五世紀時西頓國王伊什穆納紮爾二世的埃及式石棺。

當然，在伊什穆納紮爾二世墓室銘文中並沒有明確提及這具石棺的來歷，但有不少希臘學者將這個傳奇的故事作為「波斯昏君岡比西斯二世暴行錄」的一部分加以流傳。其實，這個故事的真實性著實可疑，畢竟以西頓的財力和物力來說，購買或製造石棺不是什麼了不得的大事。如果石棺真的來自埃及，那麼很有可能是少年國王驟然去世

西頓國王伊什穆納紮爾二世墓中的腓尼基銘文。

時，匆匆購買了來自埃及的殯葬用品罷了。

總之，腓尼基工匠把石棺上的埃及象形文字打磨掉，重新刻上腓尼基文字的咒語銘文，但整具石棺依舊保持著埃及風格。我們從銘文可以看出，雖然當時的腓尼基社會被埃及風俗同化的程度相當深，但埃什穆納札爾二世依舊祈求由腓尼基人的神靈阿斯塔蒂（Astarte）和巴力（Baal）來保佑自己的永恆來世不受打擾。儘管腓尼基人刻下的詛咒和警告似乎全無用處，但這種文字卻是他們留給人類文明的珍貴遺產——第一種字母文字，對西方文明的有關鍵性影響。

西元前一〇五〇年前的石碑上刻下的腓尼基字母。

腓尼基人受蘇美、西臺和埃及文明影響，在楔形文字和象形文字的啟發下，以埃及聖書體文字為基礎，設計出了二十二個腓尼基字母。他們放棄了象形文字的華麗外形，以獲得更高的書寫效率。腓尼基文字對愛琴海文明產生了深遠的影響，希臘人在腓尼基字母的基礎上創造了希臘字母，希臘字母傳入義大利後形成了羅馬人的文字，羅馬征服西方世界時又將這套文字傳給周邊未開化的蠻族，而所有這些古民族的後裔構成了今天的西方世界。從這一點看，可以說腓尼基文字是西方文明興起的基礎，但它自己卻隨著腓尼基人的衰敗而逐漸退出歷史舞台。

早在埃什穆納札爾二世去世前三百年，腓尼基文明就開始走下坡，直到西頓人為少年國王尋求石棺時，希臘人已經在地中海東部占上風，不斷奪取腓尼基的殖民地和市場了。埃什穆納札爾去世後的兩個世紀，也就是西元前三三二年，推羅城被亞歷山大大帝摧毀，腓尼基人的名字和文字不再見諸史書；西元前一四七年，迦太基城被羅馬軍夷為廢墟，腓尼基文明的餘脈也徹底斷絕……不過就在埃什穆納札爾死去時，腓尼基的社會文化出現了新的變化。

由於波斯帝國統治的疆域遼闊，波斯、亞述、埃及和希臘文化得以在腓尼基的海船上匯聚。學者、商人和士兵搭乘滿載充滿異國情調商品的船隻跨越汪洋大海，將不同地區的工藝技術和審美品味傳播到新的土地。逐漸成熟的希臘文化開始深刻影響腓尼基人，他們的石棺造型開始由埃及血統轉向希臘風格。英國倫敦的大英博物館中藏有一具西元前五世紀後期的腓尼基石棺，這具石棺的雕刻風格明顯是埃及式的，但人物造型卻開始希臘化。石棺上的墓主有著誇張的圓頭，埃及風格的假髮整齊地梳理在耳朵後面，巨大的杏仁狀眼睛凝視著來訪者。臉部表情從容鎮定，表明了墓主面對死亡和來世旅程的態度。石棺雕像表現了墓主的鼻子以及銳利的煙燻妝風格的

黎巴嫩出土的西元前三五〇年腓尼基年輕女性石棺，帶有濃厚的希臘風格。

眉毛。這些則體現了希臘化的現實主義風格。

在這一時期，腓尼基人的葬禮儀式開始被後人知曉，雖然墓穴銘文中留下的文字資訊很少，陪葬品卻愈來愈多。這些陪葬品中包括衣服、家具、首飾、陶器、玩具、樂器、食物和飲品等等，凡是主人生前享用的一切，幾乎都要在死後一併帶走。這些商業頭腦發達的腓尼基人如其他民族的人一樣熱愛生活、渴望不朽，他們效仿埃及人的做法，以咒語護符保護自己的墳墓，並試圖以希臘人的手法讓自己的形象長留世間。

針對腓尼基城市墓葬遺址的考古發現，腓尼基人渴望擁有來生，並享受不亞於在世時的生活品質。那些富人被精心細緻地安葬在地下陵墓或石棺墓穴中，整座墳墓通常為一大塊厚厚的石板所覆蓋。發掘出的隨葬品有剃刀刀片、香料、香水瓶、化妝品、小碗、燈具、小雕像和微型祭壇，顯然他們認為這些物品將會在來生派上用場。此外，遺體上還佩戴了護身符，以保護死者免受惡魔侵害。

而在腓尼基貴族墓穴中則擁有錯綜複雜的結構和貴重的陪葬品，包括金質圓形浮雕、吊墜項鍊、配有象牙把手的鏡子和梳子，大量刻著咒語的瓷釉或彩陶護身符，以及埃及風格的聖甲蟲寶石護符等等。這些生活和宗教用品保證死者可以在巴力的指引下抵達永恆的來世。

腓尼基人的這種喪葬觀念明顯深受古埃及神話影響，他們相信人死後的靈魂會一分為二。其中留在墳墓中陪伴死者遺體的是「內菲什」，它使得死者在墳墓中有著與活人一樣的飲食需求；死者的精神化身「盧拉」則將離開人間，前往陰間居住。

雖然腓尼基人極少將死者製成木乃伊，但他們會採用類似古埃及的做法：為死者清洗身體並塗上香脂油膏，在臉上塗抹化妝，使之栩栩如生後才入殮。之後將作為供品的食物和飲料擺在一個特別的祭壇之上，再舉辦一場酒宴和組成一支由哀悼者所組成的送葬隊伍。最後在墓誌銘中提醒親屬，不要忘記墓主靈魂需要日常飲食的祭祀供應，並警告生者不要打開墓穴，驚擾死者。

當擺滿食物的餐具和酒罐被放入墓室，好讓墓主永遠不受饑餓和饑渴之苦後，葬禮便到了結束的時刻。哀悼者圍繞著墓穴與墓主進行最後的告別，大家揪扯自己的頭髮，用力拍打胸口放聲哭泣，最後用一塊巨大的石板將墓穴蓋住。

在西元前二世紀初，一位居住在利比亞境內的腓尼基城邦薩布拉塔（Archaeological Site of Sabratha）的有錢人

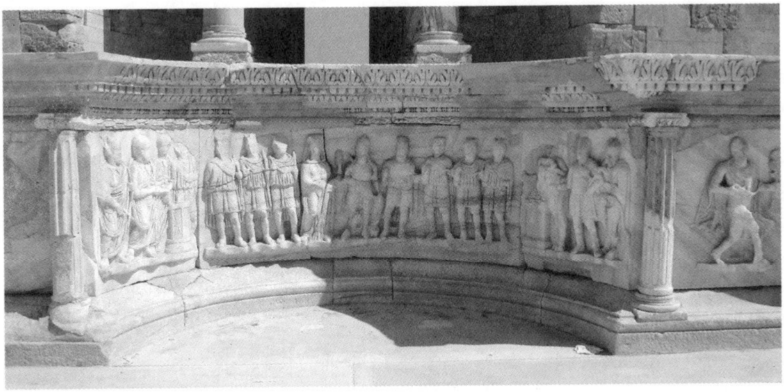
腓尼基城邦薩布拉塔遺址。

為自己修建了一座規模宏大的陵墓。這座由當地砂岩石塊建成的「豪宅」為三層建築結構，高度超過二十三公尺，呈現為一個正面凹陷的金字塔形狀。一座階梯狀基座從地平面延伸至陵墓第一層，這一樓層的三個邊角矗立著以愛奧尼亞風格的柱頭作為裝飾的柱子，它是希臘古典建築的三種代表柱式之一。

陵墓的正立面由裝飾有兩隻正面相對獅子的假門和描繪有翼日輪的標準埃及風格楣梁組成。陵墓的第二層有一系列雕刻而成的柱間壁（Metopos），來自腓尼基、埃及和希臘的神靈均位列其上；第三層則是一個金字塔形的塔尖，也是這座建築物的頂端。這種集東西方神話、建築和藝術元素於一身的大雜燴風格陵墓，代表著腓尼基人的審美和世界觀。

儘管腓尼基人飽受希臘人敵視，但當希臘文化占據優勢地位時，他們又欣然地接受了這種敵國的文化，主動將其融入自己的生活。腓尼基人一邊與希臘人激烈競爭，一邊毫無忌諱地說希臘語，撰寫研究希臘文學、哲學和神學的著作，身穿希臘式服裝，膜拜希臘神祇。

生活在地中海沿岸地區形形色色的民族依靠海洋貿易聯繫在一起，以商業往來為驅動力，推動商品、人員、技術和思想四處交流。在兩個實力相當的毗鄰民族：腓尼基—迦太基與希臘—羅馬，激烈地爭奪殖民地和市場之時，兩種文化並沒有停下互相影響和滲透的腳步。可以說腓尼基人是個簡單直白的群體，他們曾經真實地生活在地中海世界，雖然不是天使，但絕非惡魔。

航海民族興起

有人可能覺得奇怪，既然腓尼基的歷史源自西元前三千年，又處於豐饒的黎凡特地區，且深受埃及文化影響，卻為何始終沒能建立一個像埃及那樣強大統一的國家呢？

埃及能夠成為一個統一國度，與其得天獨厚的地理位置有很大的關係。這個國家總體而言嵌在一條長長的峽谷之中，尼羅河以及周邊的沙漠構成了一個抵禦異族入侵的天然屏障：尼羅河西岸是廣大無邊的撒哈拉大沙漠，尼羅河東岸是乾燥荒蕪的連綿山地，尼羅河南段在努比亞（今日埃及南部與蘇丹交界一帶）形成連續六個無法通行的大瀑布，尼羅河北面便是地中海。

這是一個在地理環境上無比安全的文明搖籃，外來入侵者被四面八方的地理屏障所阻攔。而腓尼基城邦零星分布在地中海沿岸，並沒有任何地理屏障保護不被異族征服者入侵。不要說腓尼基，就連一時稱霸美索不達米亞的亞述與波斯這等強國，繁榮也不過一瞬，那種夜郎自大般的「宇宙四方之王」幻覺，很快就被頻繁的異族入侵所打破。

其實這個問題並非腓尼基人獨有，與他們相愛相殺多年的希臘人也一樣，長期處於城邦時代而未能統一。所謂城邦其實就是城市國家（City State），指城市範圍與國家範圍幾乎相同，而主權與自治權也與城市範圍相同。城邦包括城市和鄉村兩部分，以城市為政治經濟和宗教文化中心。城邦會不斷發展，很大一批城邦是由原有城邦派出的移民建立的新殖民地。希臘城邦之間雖然有相同的文化，但因為各地區經濟、政治、文化發展的不平衡，導致雖然出現過許多城邦聯盟，卻始終未能統一。

最終結束希臘城邦時代的，還是亞歷山大大帝的長矛利劍。

腓尼基人生活在各自的城邦中，他們的眼界也被小小的城邦所束縛。從一個城邦看出去只能看到另外一個城邦，同族城邦之外則是更遠方的異族城邦。所有的城邦都彼此虎視眈眈、心懷鬼胎，每個城邦的公民也只能以城邦為政治單位，把自己的城邦視為我的世界，把城邦之外視為征服、支配和剝削的其他世界。於是腓尼基各城邦互爭霸權，長期處於分裂狀態，沒有一個城邦有足夠力量能夠統一其他城邦。

這既是腓尼基人的悲哀，也形成了他們特殊的民族性格，更是造就腓尼基商業帝國的原因所在，如果想要呼吸更廣闊天地的空氣，就必須走出去。

黑曜石、青金石和青銅

地中海貿易圈是世界古代文明史上最為活躍的貿易圈，在前古典文明時期，米諾斯人

（Minoan）、腓尼基人和希臘人是活躍在地中海沿岸的主要商人群體，控制著地中海的貿易。

地中海是腓尼基人最熟悉的大海，在環地中海世界的早期居民口中，被簡稱為「海」或「大海」。因為無論是猶太人還是希臘人，他們唯一能見到的就是位於三大洲之間的這一片碧海，「地中海」之名也由此而生。地中海被北面的歐洲大陸、南面的非洲大陸和東面的亞洲大陸包圍著，東西共長約四千公里，南北最寬處大約為一千八百公里，面積約為二百五十萬平方公里，是世界最大的陸間海。除了是最大的陸間海，地中海還是世界上最古老的海，它的年齡比大西洋還要老。在這片古老海洋周邊催生出一系列古代文明發祥地。屬於西方世界的有愛琴文明、古希臘文明和羅馬帝國，屬於東方世界的有古埃及文明、古巴比倫文明和波斯帝國，除此之外，還有在東西方之間穿針引線的腓尼基文明。

東方社會習慣用「下海」來形容放棄原有職業投身商界的行為，在古代地中海世界，下海也是沿岸民族的不二之選。當航海技術初現雛形之時，地中海沿岸的國家和部族之間已經開始了真正意義上的「國際貿易」。在被稱為「東地中海」的地中海東岸地區，由北向南分別是安納托利亞（Anatolia）半島、迦南地區、埃及、賽普勒斯島和愛琴海的部分島嶼。這一區域位於上古世界幾大文明的交匯處，形成了貫穿石器時代、青銅時代和鐵器時代的國際貿易路線。

在中國的絲綢之路誕生前，上古時期的東地中海國際貿易以黑曜石、青金石和青銅三種商品最為經典，大約在西元前七千年至西元前四千年之間，黑曜石之路出現；大約在西元前五千年至西元前二千年之間，青金石之路出現；大約在西元前四千年至西元前一千年之間，青銅之路出現。這三條商路在相當長的時間裡共存並互有交集，也正是這三條商路，將地中海沿岸的國家與亞洲腹地串連起來，頻繁的以物易物模式，催生了環地中海貿易圈。

黑曜石貿易是人類歷史上最早的跨區域商業交換活動。這種鋒利的石塊是岩漿突然冷卻後形成的天然琉璃，具有玻璃的特性，擁有尖銳鋒利的貝殼狀斷面。黑曜石在石器時代是最優秀的石刀刃面和弓箭箭頭材料，也是古人類最早使用的石製工具之一。當生活在地中海周邊的原始部落得到這種神奇的石頭時，無不激動不已地表示：「好方便，好方便！」從此後狩獵時殺個野羊，祭祀時宰個俘虜，都能做到一刀割喉了！

大約在西元前七千年，安納托利亞、亞美尼亞地區以及愛琴海的米洛斯島出產的黑曜石就開始被當作交易商品。即使是在金屬工具被發明之後，黑曜石也沒有失去自己的市場。大家雖然不再需要把黑曜石捆綁在木柄或箭杆上砍砍殺殺，但很快又開發出黑曜石珠寶和護身符的奢侈品特性，確保了這種商品擁有長久的市場需求。黑曜石商路主要分為三條線：安納

史前時期的黑曜石箭頭。

托利亞的黑曜石出口到迦南地區、兩河流域和賽普勒斯島；亞美尼亞的黑曜石出口到兩河流域和伊朗地區、波斯灣沿岸；米洛斯島的黑曜石出口到希臘本土和愛琴海諸島，以及安納托利亞西部沿海地區的希臘城邦。

青金石是一種不透明的寶石，拉丁語意為「藍色的石頭」。古代兩河流域、埃及、希臘的青金石都來自阿富汗的巴達克珊（Badakhshan）地區。兩河流域自古以來，有著戴上青金石首飾便可以與神靈對話的觀念，在古埃及的上流階層更是對這種寶石尤為垂青。在埃及，人人都佩戴首飾，不管是活著還是死去，首飾始終伴隨著他們，甚至連受到崇拜的神聖動物也同樣佩戴著首飾。因為，在埃及神話中，青金石代表了保護世人的深藍色夜空，所以在王室飾品、護身符中都少不了它的存在，所有的埃及國王和王后的木乃伊身上都有青金石護身符相伴，以至於青金石經常作為重要的國禮被西亞國家贈送給埃及國王。

埃及人雖然對青金石極為推崇，但這種昂貴的舶來品並不是人人都能擁有的，於是他們發明了人工合成顏料「埃及藍」，作為青金石的廉價替代品。埃及工匠將這種顏料調配成鹼性釉料，塗在石英砂胎或石子上，燒製成亮晶晶的首飾，於是埃及平民也擁有了能與神靈溝通的天藍色項飾、耳環、頭冠、手鐲、手鏈、指環、腰帶、護身符及墜子等飾品。雖然，這樣看起來像是富二代的晚飯是「燕窩魚翅鮑魚」，而你我的晚餐則是「燕窩魚翅鮑魚口味的泡麵」一般，但埃及藍好歹讓普羅大眾也擁有了與神靈對話的心理體驗，於是迅速流行，成為埃及對外出口的暢銷商品，由這種顏料所產生的貿易，溝通了整個東地中海世界，與青金石貿易一起構成了東地中海世界的另一個貿易網。

青銅時代來臨後，延伸到地中海世界的青銅之路，展現更為複雜成熟的特性。純銅一般被稱為紫銅，它很軟，又是電的導體，經常被用作電線的金屬芯使用。當紫銅加入其他配料被冶煉成青銅之後，就大不一樣了，這種新生的合金金屬青銅具有熔點低、硬度大、可塑性強、耐磨、耐腐蝕、色澤光亮等特點，簡直是金光閃閃的戰鬥專用合金！地中海世界的人們對青銅真是愛不釋手，紛紛高呼：「太方便了，太方便了！」這下狩獵時殺個野羊，祭祀時宰個俘虜，都能做到「一刀兩斷」啦！

青銅可以製造食器、酒器、水器、樂器和兵器等諸多生活器具，尤其是青銅武器和鎧甲，簡直為地中海世界帶來了軍事文化的大革命！只有一個小小的問題，這裡基本上並不產青銅原料，所以開展國際貿易的需求大大增加！

上古先民的青銅煉製過程，經歷了會在冶煉過程中產生劇毒物的黃銅／砷合金之後，快速過渡到黃銅／錫合金時代。黃銅貿易和錫貿易也就成為青銅貿易的重要組成部分。賽普勒斯島、土耳其東南部、伊朗東南部和阿曼半島是古代著名的銅礦產地，而青銅的另一原料錫的產地，主要在安納托利亞和阿富汗。

在美索不達米亞地區的蘇美文明（Sumer）中，尼努爾塔神（Ninurta）讚美詩中提到了製造青銅的國家，古亞述文獻中則記載了往來於安納托利亞與亞述之間的青銅製品貿易。上古東地中海青銅貿易的特點，是以青銅製品與其他商品進行等價交換，亞述帝國就將青銅製品作為向東地中海沿岸小國徵收貢品的一項大宗收入，而在這些被徵收青銅貢品的小國中，腓尼基人的城邦占據了大多數。

群狼環伺的形勢

雖然被希臘人統稱為「腓尼克斯」（Phoinix），但腓尼基人真正使用的自稱卻是「迦南」（Canaan）。他們將黎凡特和敘利亞以北所有沿海平原的人都視為自己的一分子，也就是迦南之地的居民。然而，儘管這片區域中的迦南之子有著共同的語言、文化和宗教傳統，卻在政治上以城邦為單位自成一體，每一個城市均作為一個獨立王國，由一位國王或當地的統治者統治。大約在西元前三十世紀，腓尼基地區的原始部落聚落形成了奴隸制城邦的雛形，後來的著名城邦如烏加里特、阿瓦爾德、朱拜勒、西頓、推羅等等，都是因此而生的。

我們可以以希臘城邦為參考來理解腓尼基城邦，古代希臘城邦的版圖範圍比現今的希臘國家要大得多，它是對巴爾幹半島南部、愛琴海諸島以及小亞細亞西岸的眾多奴隸制城邦的總稱。古希臘與腓尼基非常類似，它們都不是一個完整意義上的國家，而是由大大小小的奴隸制城邦所組成的集合體。在當時，大一點的城邦面積也不過三千到八千平方公里，人口二十萬至三十萬；而小的城邦面積就僅有百餘平方公里，人口萬人左右。

在腓尼基城邦中的自由民，貧富差距極大，有產階級在政治上享有特權，公職人員根據財產多寡選舉出來，城邦會議完全操縱在大奴隸主手中。腓尼基人生活在沿海多山多雨的肥沃土地上，在經商之前他們就是擅長精耕細作的農夫，園藝業尤其發達，他們種植葡萄、橄欖和椰棗等經濟作物，並且在淺海處捕魚。黎巴嫩山出產的雪松和其他珍貴木材讓周邊國民羨慕，而腓尼基海岸地處西亞海陸交通的樞紐，發達的商業在遠古時代便已經萌芽。

腓尼基的海船（浮雕）。

自西元前三十世紀時起，來自腓尼基城市比布魯斯（Byblos）的水手就駕駛著擁有弧形船體的海船，將埃及權貴們視為不朽神木的雪松不斷運往埃及，所以在埃及神話中，比布魯斯又被稱為神木之國。在接下來的許多個世紀裡，比布魯斯和其他腓尼基城邦不斷在地中海市場往來，販賣奢侈品和大量原料，逐步為自己贏得了海上商路以及重要的商機。

目前有記載的腓尼基歷史大致可以分為三個階段：第一階段為埃及時代，大約在西元前二十八世紀到西元前十二世紀；第二階段是腓尼基時代，大約在西元前一千兩百年到西元前八百年；第三階段是迦太基時代，大約在西元前八一四年到西元前一四九年。

在第一階段，腓尼基地區的迦南人諸城邦，在政治上受到處於中王國和新王國時代的埃及控制，在文化上與埃及互相影響，但他們並沒有形成民族共同體；在第二階段，由於埃及和克里特（Crete）的衰弱，新出現的腓尼基人得以獨霸地中海；在第三階段，傳統的腓尼基城邦已經衰落，由推羅城邦派生出的海外殖民地迦太基崛起，並成為稱霸地中海的強大國家。

腓尼基商船還原繪畫。

在埃及時代和腓尼基時代之間，發生了一起影響深遠的「海上民族」入侵事件，也正是這個事件，終結了古埃及的新王朝，那就是帝國時代，並且促成了腓尼基民族的誕生。海上民族指的是非利士人（Philistine）等居住在地中海東南沿岸的古代多種族人，他們在巴勒斯坦南部沿海一帶建立加薩、阿什杜德等小城邦。海上民族融入了希臘人的祖先亞該亞人，以及加里亞人、西里西亞人、條克里人等等，由海路大肆入侵埃及帝國。

埃及書吏曾將侵犯國境的非利士人稱作「北部丘陵諸國」的西亞蠻族，這些人配備鐵質長劍和鎧甲，裝備精良，戰鬥力凶悍。在非利士人的各部落集團中，有些人可能來自西亞西北角的安納托利亞、賽普勒斯和敘利亞北部，另一些人則來自愛琴海的一些地區，諸如希臘半島的美塞尼亞、克里特，還有一些則來自義大利南部和西西里島。

海上民族是一個環地中海區域的多個民族融合過程的產物，他們一邊搶掠一邊遷徙，後來活躍於歷史舞台上的雅典人、呂底亞人、腓尼基人、以色列人、阿拉美亞人、羅馬人等等，都是海上民族遷徙和融合後產生的新種族集團。根據古埃及的記載，海上民族在大約西元前一千兩百年侵入了黎凡特地區。腓尼基人正是他們與迦南人的後裔。

海上民族入侵黎凡特的同時，也試圖進攻垂暮的埃及帝國。當時統治埃及的是第二十王朝開國君主塞特納克特（Setnakhte）的兒子拉美西斯三世（Ramesses III）。拉美西斯三世統治時期的埃及，社會繁榮卻不穩定，當時希臘世界爆發了特洛伊戰爭，埃及帝

拉美西斯三世擊退海上民族的壁畫。

國處於利比亞和海上民族聯手入侵的艱難歲月中。

拉美西斯三世擊退了來自陸地上的兩次大規模入侵，以及一次來自海上的民族武裝大遷徙。拉美西斯三世在自述中認為，第三次抵抗海上入侵者的過程尤其驚心動魄。埃及帝國沒有海戰優勢，他必須將敵人誘入尼羅河河口進行伏擊。可如果計畫失敗，下埃及一定會慘遭蹂躪。因為這是一波絕望的舉族入侵者，包括所有的男女老少、牲畜家當，他們急切地希望奪取尼羅河三角洲作為生存空間，而西臺王國剛剛被他們摧毀。

戰鬥在拉美西斯三世在位第十二年時打響，埃及艦隊成功地把敵人引入尼羅河兩岸陸地上的弓箭手射程之內，密集的箭雨大量殺傷了入侵者。緊接著，拉美西斯三世派出負責接舷戰的特別艦隊。經過殘酷的肉搏戰，入侵者被擊敗了。拉美西斯三世最後這樣總結這次戰役：

那些來到我的邊界的人，他們的種子沒有到，他們的心和他們的靈魂完蛋了，直至永遠。

那些聚集在海上的人，面向火焰到達海港，一堵金屬之牆把他們包圍了。

他們的船被拖住，翻倒，他們躺倒在海灘上，屍體從船頭到船尾堆積如山，他們所有的物品漂浮在水上。

這次戰役是古代防守戰的成功範例，也是埃及歷史上極為慘烈的一次戰鬥。從第十八王朝開始，帝國的每一次大規模對外戰爭都是主動出擊的。但在第二十王朝時期，埃及帝國總是處於被動防禦之中。連續三場大規模戰爭打完後，拉美西斯三世為埃及帝國贏得了一段時間的和平和安寧。但帝國人口損失巨大，國庫也接近枯竭。海上民族的掠奪狂潮被拉美西斯三世遏止，但新王朝也從此一蹶不振，走上末路。當海上民族與埃及帝國的身影相繼消失後，敘利亞海岸線上的腓尼基人出現了。

正是因為這樣，腓尼基人才擁有了極強的航海能力，他們的船隻逐漸演化成遠洋大船，腓尼基城邦的貿易活動，隨著他們的航海及造船技術的發展而得到了進一步的強化，地中海世界商貿活動的地域範圍隨之擴展，速度也加快了。新興的腓尼基人掌握了利用名為「腓尼克」的北極星導航的先進技術，水手們能夠在夜間航行於開闊的海面上。他們發明了龍骨技術，並利用死海中豐富的瀝青，將厚木板並排黏在船殼表面以確保船的密封性。腓尼基的大型海船外殼呈球根狀，實現了儲存空間與航速的完美結合。它們靠著巨大的單一橫帆與一隊隊的划槳手，在天氣良好的情況下以每天四十公里的航速破浪前進。

在脫胎換骨的大型海船助力下，如推羅、西頓、亞瓦底和貝魯特等腓尼基城邦紛紛建立起覆蓋賽普勒斯、羅德島、基克拉澤斯、希臘大陸、克里特島、利比亞海岸和埃及等眾多東地中海地區的海上商業網絡。在腓尼基城邦興起的過程中，它們始終面臨著一個群狼環伺的險惡世界：巴勒斯坦和敘利亞。這兩地素來是埃及不容他人染指的禁臠，埃及每當重新崛起時一般都會軟硬兼施地控制這一地區；而先後統治美索不達米亞的西臺、亞述和波斯等強國也無不對富饒且戰略位置顯著的腓尼基海岸虎視眈眈。

在經常面對巨大的外部壓力的情況下，腓尼基人的自治權和繁榮得以延續的關鍵，就在於那對海洋無與倫比的控制力，而維繫腓尼基城邦與列強之間邦交關係的核心，則在於地中海世界的奢侈品國家貿易。從美索不達米亞到埃及，能彰顯王室權威的一個方式，就是牢牢地控制國際貿易往來。停駐在腓尼基城邦港口的外國商人，實際上是代表著統治者利益的皇家代理人，外國君主希望自己派往腓尼基城邦的商人能夠作為自己的代表，得到使者般的待遇，而不光是以私人身分受到東道主所提供的商業和法律上的保護，所以滿足周邊國家王室對奢侈品的渴求這一點，在腓尼基城邦的外交活動中長期占據著核心地位。

有一篇寫於埃及二十王朝末期的《溫阿蒙歷險記》（*Story of Wenamun*）就講述了這樣的故事：底比斯高級祭司溫阿蒙被派往比布魯斯購買雪松木材，這些珍貴的木材將用來製造阿蒙神的太陽船。這位溫阿蒙大人離開底比斯沿著尼羅河水路抵達地中海，再一路航行到比布魯斯，一路辛苦不說，還霉運當頭，歷經艱難。溫阿蒙首先抵達了腓尼基城邦德爾城，這裡的首領貝德爾按照腓尼基人的習慣熱情款待了有著官方身分的埃及人，「送給我（溫阿蒙）五十條麵包、一罐啤酒和一條牛腿」。

按理說，貝德爾做得很不錯了，畢竟溫阿蒙又不是來與德爾城做生意的。沒想到就在埃及船隻停泊期間，溫阿蒙的一個水手竟然捲款潛逃，這下埃及使團的旅費和貨款都泡了湯。溫阿蒙不得已，在德爾城停留了整整九天，每天都向貝德爾追索失竊的錢財。貝德爾對此的反應可想而知。他很客氣地指出：「要是你被我領地中的人所偷竊，我自然應該補償你。但現在偷你錢財的可是你的自己人，這要賴到我頭上，可就不應該了！」總之，直到溫阿蒙一行人吃光了五十條麵包和一條牛腿後被迫離開時，一分錢也沒要回來……溫阿蒙兩手空空地出海後急了，走投無路之下他在比布魯斯附近海上，搶劫了一艘腓尼基城邦泰凱爾的貨船，將船上的貨款一掃而空。

溫阿蒙對著憤怒的泰凱爾船長說：「我要扣留你的銀子，一直到你找到那偷我錢財的人！縱使你辯解偷竊的人並不是你，我也要扣留這筆錢財！」雖然對於一個埃及高級祭司而言，做出如此海盜行徑也是迫不得已，但這件事也充分說明了地中海海上貿易真實的一面，任何一艘船上的客商都可能在一念之間轉為海盜。溫阿蒙抵達比布魯斯後卻立刻遭到了懲罰，不僅損失了自己的船，更因為搶劫泰凱爾人違反了腓尼基人的法律，而遭到驅逐出境的處罰。

溫阿蒙厚著臉皮硬是逗留了二十九天。因為沒有返回埃及的船隻，比布魯斯人也沒法硬把他丟進海裡去……結果在第三十天終於得到比布魯斯王泰克巴奧的召見。國王首先板著臉，訓斥了溫阿蒙的海盜行徑，並指出根據腓尼基城邦之間的貿易協定，任何破壞貿易行為的人都要受到懲罰。接下來又重申了比布魯斯王國的獨立地位，他指出自己並非法老的僕人，埃及人購買雪松就應該一手交錢一手交貨。最後，他翻出帳本來告訴溫阿蒙：「您那點被搶劫的可憐贓款，連買樹皮的錢都不夠！」

溫阿蒙只好托人給法老的駙馬斯門德斯（Smendes）寫信，要來了「四甕零一罐黃金、五甕白銀、十臂尺王室亞麻衣料、十條上等輕薄亞麻布、五百張牛皮、五百條繩索、二十袋扁豆、三十籃鹹魚」的貨款，這才讓泰克巴奧同意了這筆交易。雖然《溫阿蒙歷險記》中曾提及，有些埃及使者在比布魯斯等待了十七年之久都沒能完成交易，以至於埋骨異鄉。但這種情況多半發生在埃及國內四分五裂，國力一落千丈的時候，在正常情況下，腓尼基人還是會非常圓滑又現實地對待外國商人的。

整個東地中海世界的政治格局，大多是由掌握文字的祭司階層和手握軍權的貴族菁英組成頭重腳輕的統治體系，那些看似龐大顯赫的國度，往往因為僵化的體制而反應遲鈍，以至於無法戰勝任何嚴峻的社會挑戰。

從西元前十二世紀開始，每當遭遇巨大的天災襲擊時，來自亞洲和北非各地形形色色、成群結隊的遊牧民、逃難農民和無主雇傭軍就形成毀滅性的洪流。當糧食生產因為入侵者而停滯、銅和錫的國際貿易因為戰亂而停頓的時候，已經存在數千年之久的青銅時代西亞統治者們發現，自己既沒有足夠的穀物養活軍隊，更沒有足夠的武器裝備應對戰爭。於是乎西臺帝國、烏加里特王國等老牌強國徹底煙消雲散，而亞述和埃及也變得奄奄一息。

貿易對於地中海世界的國家而言是無比重要的，雖然亞洲和非洲的強大國度可能掌握某種奢侈品原料的來源，但總有更多渴望得到的商品來自隔海相望的地區。腓尼基城邦作為往返四海的奢侈品集散地，也就成為地中海世界的外交活動中心。那麼，是否會有列強試圖征服腓尼基人並為己所用呢？可以說即使是有，也是象徵性的。

威震美索不達米亞的亞述戰士。

對於崛起於西亞的亞述、波斯等大國而言，由於地處內陸，縱使控制了疆域遼闊的國土，對地中海依舊充滿了畏懼。埃及人雖然習慣了尼羅河的氾濫，但他們糟糕的造船技術和航海經驗依舊使其無緣征服大海。所以，最終所有的西亞和北非君主都不得不依靠腓尼基城邦作為貿易仲介，努力爭取和這個「邊境延伸至大海」的航海民族合作。

在西元前九世紀上半葉後期，亞述國王阿淑爾納西爾帕二世（Ashurnasirpal II）率領大軍抵達腓尼基海岸。阿淑爾納西爾帕二世站在地中海的沙灘上，用清澈的海水清洗兵器，並鄭重地向神靈獻祭。雖然，留著精心修飾的標誌性捲髯和頭髮的亞述戰士，向來以殘暴而著稱，但這次進軍並不是為了征服和殺戮。從阿蘇爾納西爾帕二世得意揚揚的自誇之詞就能看出他此行的真實目的：「我收到了腓尼基沿海諸國的效忠和貢品，推羅、西頓、比布魯斯、馬哈拉圖、邁祖、凱祖、阿姆茹，和大海中央的城市亞瓦底等民族之國王，紛紛獻上了白銀、黃金、錫、青銅和青銅器、彩色的亞麻布服裝、一隻體形巨大的母猴、一隻小母猴、烏木、黃楊木和海洋生物的長牙。總之，他們全部臣服於我！」

阿淑爾納西爾帕二世的這次進軍作秀意味深長，他的作風其實與影響過腓尼基人的埃及、西臺等國度毫無二致，都是要求腓尼基名義上臣服，實際上納貢與貿易。當然，亞述人索要的比以往的列強更多，這位君主吹噓說，大批從腓尼基這樣的臣屬國流入亞述的戰利品，令他的臣民過上了富足的生活，就連那些最卑賤的臣民也不例外。

亞述王國提出可以保證腓尼基諸城邦獨立的承諾，但交換條件則是腓尼基人要定期提供足額的優質原料、供應奢侈商品以及服務。這些原料和奢侈品雖被亞述人自誇為戰利品，但其實是透過貿易而非征服手段獲得的。而他們向腓尼基人索要的服務，則是徵召腓尼基艦隊以充實海軍力量。這一點與日後的波斯帝國毫無二致。

對於腓尼基人而言，要滿足亞述帝國對資源的巨大需求，就必須勘探開發新的礦產資源，擴展地中海貿易的廣度和深度。在這種現實壓力之下，腓尼基城邦大大加快了對外拓展殖民地的步伐。

腓尼基城邦中的國王逐步放開對國民的控制，成群結隊的商人以大家族為核心，建立起「商行」組織。城邦王室利用手中的財富，充當起為商行提供房貸業的銀行角色，而被《聖經》稱為「商業親王」或「海上親王」的商業家族領袖，則組成為國王出謀畫策的元老院。就這樣，腓尼基人基於生存權和獨立性的考慮，踏上了擴張之路。

向海洋擴張

在希羅多德筆下，腓尼基商人的貿易方式充滿了上古時代的浪漫主義作風。他描寫腓尼基人的分支迦太基人與北非進行貿易時尤其有趣。迦太基人在海灘上卸下貨物，然後點起火堆升起黑煙，全部返回船上等待回應。對方看到後會來到海灘上評估檢視貨物，他們在自己心儀的貨物旁放上一些金子，然後躲進樹林觀察。

這時又輪到迦太基人上場了，他們從船上下來檢查金子的品質和重量，如果滿意就拿走金子，如果不滿意就什麼都不做，回船上繼續等待。等對方再度來到海灘上，會拿走迦太基人收取了金子的那些貨物，然後在未被收取的那些金子上再加一些。這種無言的交易會一直持續到金子的數量使迦太基人滿意為止。

但地中海世界的商業行為絕不都是如此浪漫簡單的，自古以來，往來於地中海的商船就面臨著來自大海風暴和劫匪海盜的雙重威脅。腓尼基商人一手握著短劍，一手拎著錢袋，他們從西元前十世紀起就開始在自己的貨物傾銷地開闢出一塊塊落腳地。隨著定居這些地方的腓尼基人愈來愈多，這些落腳地便逐漸從貨站變成小鎮，從小鎮變成城市，從而形成了腓尼基城邦在海外建立的殖民點。漸漸地，移民中的工匠和祭司，將近東風格的工藝品以及腓尼基神話中的宗教傳說帶到東地中海及愛琴海各地，以至於這一時期的希臘陶器及金屬器皿普遍具有被稱為「東方化」的仿近東風格，在克里特島南部的孔摩斯等地也出現了腓尼基風格的神廟遺跡。

在拓展海外殖民地的熱潮中，腓尼基的推羅城邦表現最為耀眼。早在西元前九世紀時，推羅的商人就已經開始拓展海外商路和殖民地了。推羅是希伯來語的叫法，腓尼基人則自稱該城邦為「蘇爾」（Sur），意為「岩石」。這個城邦在西元前二千七百年前後，由來自南方三十二公里處的西頓城殖民者所建，但它發展迅速，很快在漁業和貿易方面超越了自己的姐妹城邦西頓。

推羅的興起，得益於西元前十世紀至西元前九世紀這段時期，在該國的阿比巴力（Abibaal）和希蘭一世（Hiram Ⅰ）等幾位英明國王的統治下。推羅的異軍突起，徹底改變了腓尼基城邦之間的力量平衡。由海島和近島陸地組成的推羅領地，曾長期面臨著水資源短缺的難題，阿比巴力當政時，開始在島上岩石中鑿出深水池蓄水，從而解決了用水問題。不過阿比巴力不僅僅是個工程師，他還是精明的外交家和手腕嫻熟的政客，在他統治時期，奠定了推羅對外擴張的國力基礎。到希蘭一世上台時，腓尼基的傳統宗主國埃及正處於持續沒落的第三中間期，而亞述和巴比倫等美索不達米亞強權也在走下坡路，只有猶太人的猶太王國正如日中天。

猶太人大衛王（King David）開創了猶太王國，當希蘭一世將目光投向這個新興國度時，大衛和妻子拔示巴之子所羅門（Solomon）正在耶路撒冷的王位上大展拳腳。根據《舊約聖經》的記載，大衛王老邁之時，他的第四子亞多尼雅（Adonijah）得到將軍約押（Joab）和祭司亞比亞的支持準備繼承王位，而先知拿單（Nathan）、祭司撒督（Zadok）等人則支持所羅門即位。經過一番明爭暗鬥之後，所羅門成功即位。他以閃電般的速度消滅了亞多尼雅等政敵，並將親信分別安插在軍政和神廟等重要部門的關鍵位置上。

大衛王曾希望建立一個從埃及邊界直至幼發拉底河的大帝國，所羅門積極實現父親的夢想，他透過聯姻加強自己的地位，為此他娶遍周邊國度的公主，甚至包括埃及法老的女兒。埃及法老專程出兵攻占迦南人的迦薩城作為禮物送給女婿所羅門。當然，所羅門並不光靠當女婿「吃軟飯」度日，他自己也統率著精銳的軍隊，其中尤以戰車兵和騎兵最為出眾。所羅門還是一位精力充沛的行政管理天才，他把以色列原有的十二支派重新劃分為十二個行政區，每區任命一名總督管理。以賢明著稱的所羅門也是一位有名的詩人，據說他寫過一千零五首詩歌，《舊約聖經》中收錄了他創作的《雅歌》和《箴言》。

《雅歌》號稱「歌中之歌」，是《聖經》中最神祕、最難解釋的一首詩歌。它的全文都在講述男女之間的相思之苦和歡聚之樂，提及神靈的地方卻只有一處。據傳這首詩是所羅門自己親身經歷的一段愛情故事。所羅門將自己的一處葡萄園委託給一戶以法蓮（以色列十二支派之一）人家看守。沒想到這家的男孩都懶惰不負責任，把看守葡萄園的責任丟給妹妹書拉密女，還讓她負責放養，以至於美麗的女孩被曬得膚色黝黑。有一天，一個俊美的青年牧人經過葡萄園，與書拉密女熱情攀談。書拉密女勇敢地向牧人示愛：

> 不要因日頭把我曬黑了，就輕看我。我同母的弟兄向我發怒，他們使我看守葡萄園，我自己的葡萄園卻沒有看守。
>
> 我心所愛的啊，求你告訴我，你在何處牧羊，晌午在何處使羊歇臥？

牧人熱情回應書拉密女，應許即來迎娶。可他卻一去不返，毫無音訊，旁人都說書拉密女被牧人所欺騙，而她則深信山盟海誓的婚約，癡心不改。在久等良人不來的煎熬中，書拉密女有時會在思念的幻覺中見到自己的所愛：「我的愛人有如沒藥囊，常繫在我的胸前；我的愛人像一叢鳳仙花，開放在隱基底（Engedi）葡萄園中。」

忽然有一天，猶太王國的使者率領盛大的隊伍來到書拉密女家中，宣布奉王命來迎娶她，書拉密女一臉愕然不知所措；等她見到所羅門王才知道原來他就是自己心愛的牧人，於是發出喜悅的歡呼：「吻我吧，吻我吧！因為你的愛比美酒更香甜！」當然，希蘭一世關注所羅門並不是打算去以詩會友。他看重的是所羅門的國策能為己所用：所羅門選擇以商業立國，一切政府機構都為貿易服務。猶太王國缺乏出海良港，它又處在腓尼基與西亞內陸之間狹窄的非沙漠區通道上。

西元前九六一年，所羅門即位之後，希蘭一世是腓尼基諸王中第一個意識到應爭取與猶太王國聯盟的政治家，他火速派使者攜帶包括雪松在內的厚重禮物前去祝賀所羅門榮登王位。在所羅門還沒坐穩王位之時，推羅的這種姿態自然贏得了所羅門的感激和友誼。猶太王國與推羅簽署了一份長期有效的商業協定，約定由推羅出建材和工匠，在耶路撒冷城修建兩座大型建築物：一座用於祭祀以色列人的上帝即耶和華的神廟，另一座是王宮。

由推羅包工包料建造的神廟，後來有個名傳千古的稱號——所羅門聖殿。為了完成這樁上古時代的世紀工程，希蘭一世讓推羅人傾巢而出，去砍伐黎巴嫩山上的雪松和柏木，他還召集城邦中所有的能工巧匠，在採石場裡打磨修建神廟用的石塊並運往耶路撒冷。與此同時，在推羅—猶太混血的金匠切洛莫斯主持下，為聖殿所用的金、銀、青銅裝飾物被大量的鑄造出來。

據史料記載，建成後的所羅門聖殿高踞山巔，坐西朝東，氣勢雄偉。聖殿大門和所有的廊柱、天花板、門窗全部鑲金，燈具、祭器和供奉「摩西十誡」的「約櫃」全部用純金製造。聖殿外邊的院子裡，有一百個種滿蓮花的金邊水池。推羅所做的這一切當然不是免費的，猶太王國向自己的盟友支付了巨額白銀，每年還向推羅提供超過四十萬升小麥和四十二萬升橄欖油，這對國土狹小、糧食供應不足的推羅來說是極大的恩惠。

二十年後這兩座建築物竣工，已經結成同盟的兩國又重新簽訂了一份協定：推羅支付四千零八十公斤黃金，從猶太王國購買了位於加利利和阿卡平原的二十座城市，推羅終於擁有了足夠養活自己的產糧區！希蘭一世為推羅贏來的不僅是這些表面上的好處，他還使推羅擁有了在猶太王國的獨家經商特權，封鎖了其他腓尼基城邦進入西亞腹地的商路。

推羅拉著猶太王國一同展開海外冒險活動，由推羅和猶太王國聯合組建的探險隊深入蘇丹和索馬利亞腹地，一路抵達印度洋。當滿載著金、銀、象牙和寶石的探險隊船隻歸來後，兩國均迫切地同意將這一有利可圖的事業持續下去。為了鞏固這個聯盟，推羅王室還和猶太王室通婚。其中最有名的是推羅國王謁巴力一世的女兒耶洗別（Jezebel）與以色列國王亞哈（Ahab）的婚姻，雖然這一對夫妻是以《聖經》〈列王記〉中的昏君和淫婦反面形象流傳後世的……

所羅門當政時期是猶太王國的巔峰期，軍隊強大，商業繁榮，所羅門聖殿和華美的王宮相繼在耶路撒冷建成，因此他被視為古代以色列最偉大的國王。所羅門去世後，繼任的國王大多昏庸無能，猶太王國再度分裂為南部的猶太和北部的以色列兩個國家。

所羅門興建的聖殿被後世猶太人稱為「第一聖殿」，在他去世三百四十四年之後，巴比倫國王尼布甲尼撒二世（Nebuchadnezzar II）的鐵騎攻陷了耶路撒冷。征服者趕走了所有猶太人，一把火燒毀了壯麗的所羅門聖殿，繁華一時的耶路撒冷變成一片廢墟。直到巴比倫被波斯帝國滅亡後，猶太人才得以返回故土。他們收拾山頂聖殿廢墟中的亂石，在原地砌了一堵牆，並以此為基礎建起了「第二聖殿」。

西元七〇年，羅馬帝國鎮壓猶太民族大起義時，將重建的聖殿徹底焚毀，只留下西牆牆基的一段。猶太後裔收集殘石，在牆基上壘出了一堵牆。此後世界各地的猶太人如能回到耶路撒冷，都會登山回到這面象徵猶太信仰和苦難的牆前低聲祈禱，因緬懷昔日民族榮光和歷史滄桑而悲慟不已。這座山就是聖殿山，這堵牆便是哭牆。

讓我們將視線再轉回到推羅城邦。已經在外交和貿易方面大獲全勝的希蘭一世（Hiram I）為了加強王權開始進行宗教改革，希蘭一世雖然對興建所羅門聖殿的工程投入了巨大的熱情，但耶和華並不是他信仰的神靈。腓尼基人保持著迦南民族古老的多神教信仰，在他們的萬神殿中位居首席的是埃爾（El）和阿舍拉（Asherah）這對造物主夫婦，其次是以眾多不同面貌出現的巴力（Baal），這位大神在萬物運轉中扮演著大管家的角色。

與整個地中海世界悠久的傳統一樣，在腓尼基人城邦中，王權和神權幾乎並駕齊驅，占據著權力結構的中心位置。希蘭一世見過太多祭司插手政務導致城邦崩潰的例子，於是他打算把自己的王位與諸神牢牢連接起來。這註定是一次思想和信仰的大革命，但他並不打算顛覆現有信仰，而是準備在諸神中安插一個自己人，那就是推羅日後的守護神——城邦之王美刻爾（Melqart）。

美刻爾是腓尼基語發音，這位神靈被希臘人稱為「梅爾卡特」。他和他的妻子阿斯塔蒂被希蘭一世冊封為推羅城邦和王室的守護神，希蘭一世還為這夫妻倆建立了宏偉壯觀的新聖殿。這樣一來，在原有的腓尼基神靈名冊中出現了專為國王意志服務的神靈。侍奉美刻爾的祭司是希蘭一世的親信，他們負責將美刻爾的神話提煉出來，並且與推羅建立的傳說相結合，使其從一個腓尼基人普遍信仰的神靈轉化為某種意義上的推羅「專屬」神靈。

雖然希蘭一世的動作不小，不過他並不是第一個這樣做的君王。在這方面，比布魯斯城走在前面，在那裡人們已經在普遍膜拜「比布魯斯夫人」巴拉特女神了。與此同時，西頓城邦的國王則將醫藥之神埃斯穆恩和阿斯塔蒂女神，宣布為王室的監護及保護者，並任命他的直系親屬為祭拜這兩位神靈的祭司長。

到了西元前九世紀，最初幾十年間，在位的推羅國王阿比巴力頗有政治手腕和戰略眼光，他以推羅城為中心，建立了遍及小亞細亞、賽普勒斯、亞美尼亞、愛奧尼亞群島、羅德島、敘利亞、猶太王國、以色列、阿拉伯及近東的眾多地區的龐大貿易網路。

在謁巴力一世的時代，埃及在自己漫長的歷史中又再次處於國力復甦階段。謁巴力一世眼看著這個沉睡中的巨人終於從長期的經濟昏迷中甦醒過來，立即專門建造了名為「埃及人」的新人工港以促進海外貿易。推羅商人與埃及人建立了新的商業與政治同盟，傳統的埃及—腓尼基大規模商業貿易路線就此復甦。

在希蘭一世統治時期，推羅與猶如母國的西頓結為城邦聯盟，但隨著推羅國力的膨脹，西頓逐漸淪為推羅的臣屬。稱霸南黎凡特地區的推羅—西頓城邦聯盟，日後將其城市和人民稱為「普特」和「波尼姆」，現代學者認為統一的腓尼基民族身分認同正是在這一時期形成的。隨著商業影響力的與日俱增，推羅已經成為其他腓尼基城邦聯合開展海外殖民冒險行動的樞紐。

希蘭一世時代的推羅還擁有了第一個海外殖民地，位於賽普勒斯島的基提翁城（Citium）。希蘭一世建立這一殖民點的首要目標，是獲取賽普勒斯島豐富的銅礦，這些礦石在基提翁被冶煉成銅錠後，接著被運回推羅。隨著移民數量的增加，腓尼基人在基提翁城周邊的肥沃土地開始耕種，以保證糧食供應。

在此之前，腓尼基商人一般不會在異族人的土地上長久逗留，如希羅多德曾提及的那樣，賣完貨物就離開，所以只建立臨時性的商棧。是推羅人改變了腓尼基人先前的海外探險模式，他們與有貿易往來的土著人混居，以便得到生意夥伴的保護。

基提翁等推羅殖民地不斷發展，開始被視為推羅的主權領土，由一位直接聽命於國王的推羅總督管轄。與此同時，來自推羅的祭司也開始在原住民中傳布美刻爾和阿斯塔蒂的崇拜，直到四百年後，在基提翁貨幣上仍然能見到美刻爾的肖像。由於與殖民地距離遙遠，希蘭一世便將自己的雕像與美刻爾神像並列，透過這種方式在殖民地推廣信仰，這樣被殖民者就會因為對美刻爾的人間化身——推羅王，產生敬畏而服從統治，不會輕易產生叛亂之心。這種透過宗教控制殖民地的做法相當有效，也成為日後推羅控制海外殖民地的標準模式。

當然，這些舉措在推廣之初，自然引起了當地原住民的不滿，不過當他們奮起反抗鳩占鵲巢的推羅人之時，當然也遭到了推羅軍隊毫不留情的鎮壓，至此，腓尼基人徹底走上了殖民主義的道路。

地中海的霸主——

在希蘭一世統治時期，以推羅為首的腓尼基勢力達到全盛時期。腓尼基人知道自己無法與西亞的陸上強國抗衡，所以他們放棄陸地擴張的打算，專注於自己的航海和商業特長，將廣闊的海洋視為自己的遼闊國土。雖然並非每一次都能成功，但他們大致上還是運用臣服和銀彈戰略使自己免於陸上強國的征服和吞併。但這份「贖身錢」的金額愈來愈大，逼迫腓尼基人大肆拓展海外殖民地，在環繞的地中海開發出一座座新的移民城邦，就像總公司開設子公司一般拓展勢力。當推羅持續著如日中天的輝煌時，他的盟友猶太人卻已經遭遇新巴比倫王國近乎亡國滅種的打擊。流亡的猶太人先知對著推羅呼喊：

看哪，你比但以理更有智慧，什麼祕事都不能向你隱藏。

你靠自己的智慧聰明得了金銀財寶，收入庫中。

你靠自己的大智慧和貿易增添資財，又因資財心裡高傲。

所以主耶和華如此說，因你居心自比神，我必使外邦人，就是列國中的強暴人臨到你這裡。他們必拔刀砍壞你用智慧得來的美物，褻瀆你的榮光。

他們必使你下坑。你必死在海中，與被殺的人一樣……

——《舊約》〈以西結書〉

步入黃金時代

雖然歷史學家們可以解讀腓尼基文字，但在研究腓尼基史料的時候也經常感到頭大。原因之一是上古史料嚴重缺失，而另一個原因則是腓尼基民族擁有奇怪的命名規則。每一對腓尼基父母在給孩子命名時，都會遵從一個古老的民族傳統——以腓尼基眾神的名字為範本。在有限的姓名儲備庫中，為他們的後代選取名字。

名字對於腓尼基人來說有著非同一般的意義。他們深受埃及文化影響，相信人的生命、命運都和名字相互依存。名字不是一個抽象概念，而是具備創造與毀滅魔力的實體。名字可以代表一個人的形體和實質，名存人存，名亡人毀。腓尼基人的名字以詞語和短句構成，一般的情況下，名字中會包含神的名字和對神靈能力的描述，以及神靈對人類的垂青喜愛。例如曾令羅馬人聞風喪膽的迦太基大將漢尼拔（Hannibal Barca），他的名字其實在腓尼基人中相當常見，意為「巴力的恩典」；與漢尼拔類似的還有一個大眾化的名字叫「博多斯塔特」，意思是「掌握在阿斯塔蒂女神的手中」，這兩個名字在腓尼基人生活裡出現的頻率，相當於歐美人名中的湯姆和瑪麗般常見。

當然，腓尼基人的名字也可能有著更為精確的含義，比如用來表明自己的出身。曾有個名為阿比巴力的女子出現在腓尼基文獻中，她的名字意為「我父親是巴力」。而阿比巴力的母親叫作阿里蘇特．巴力，意為「巴力的欲望對象」。這讓後來的學者普遍推測，這位女士可能當過巴力神廟中的廟妓或女祭司。除了「我父親是巴力」這類以某神孩子為自稱的名字之外，腓尼基人還將對神靈的讚美直接當成名字，比如「巴力是萬神之王」、「美刻爾力大無窮」，這樣一來，當別人稱呼自己時，也順便讚美了諸神，更容易取悅神靈讓好運臨頭了。

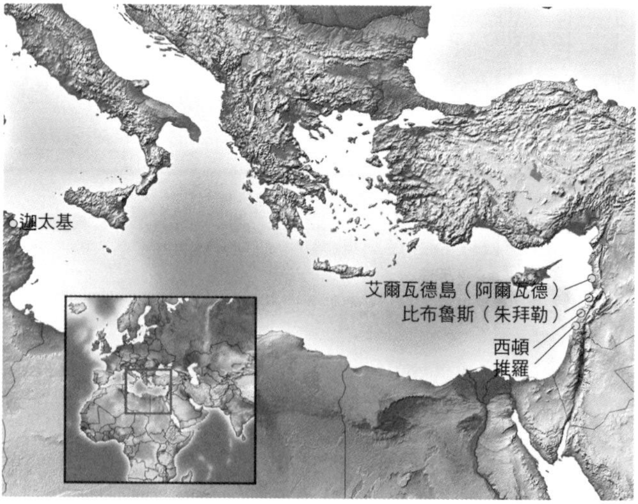

腓尼基海岸上的推羅。

腓尼基人的好運還在持續，在推羅最輝煌的日子裡，腓尼基人在敘利亞北部的許多商業競爭對手都被亞述摧毀，他們的貿易網路得到極大拓展。與此同時，腓尼基人的海外殖民地也迅速發展，如愛琴海尤比亞島（Evia）的殖民城邦伊比利亞（Iberian Peninsula）和奧爾比亞城（Olbia）都建有堅固的石砌城牆和三層高的箭塔，城中的居民住宅呈環狀分布，港口、公共墓地、腓尼基神殿、商棧和手工作坊密布，街道上到處豎立著描繪野生動物、戰士和船舶等形象的青銅雕像。這個島嶼盛產銅礦。腓尼基人抵達這裡正是為了建立自己的金屬冶煉加工中心。

而這些殖民地的母國，全盛時期的推羅城更是壯麗無比。它由陸地上的王城和距陸地不到一點六公里的海上島城兩部分組成。主城面積遼闊，較小的島城周長不到九千公尺，人口卻有四萬人。島城東面有兩個葫蘆狀港口，北面的叫西頓港，南面的叫埃及港，兩港肚大口小，易守難攻。推羅艦隊以兩港為基地，不斷環島巡邏，戒備森嚴。

西頓等城邦雖然較推羅稍遜一籌，但也一樣氣勢恢宏，富裕非凡。每當風向改變時，在西頓那遍布平頂建築的街區中便瀰漫著貝殼腐爛的惡臭，這是腓尼基人賴以起家的紫色染料，製作過程帶來的副作用。

西頓城工坊遺址，著名的腓尼基紫色顏料便誕生於此。

儘管這些工坊都設置在城鎮的邊緣地帶，但由於生產規模極大，以至於只是被丟棄在西頓城外的螺殼貝殼，堆積而成的垃圾山高度就超過四十公尺！

奇特的「腓尼克斯紫」取自腓尼基海岸淺水中的骨螺和貝殼這兩種軟體動物的腮下腺，但腓尼基人並非如希臘人所誹謗的那般，逼迫奴隸潛水拾取這兩種原料，那是外行人自行想像的說法。

推羅城門。

在染料製作工序中，這些螺貝是用特製的漁網從海底捕撈上來的，奴隸們用木棒和銅棍將這些海底軟體動物的外殼擊碎後，攤放在沙灘上暴曬。等乾透之後，這些螺肉貝肉被投入特定濃度的鹽水中浸泡——這是被腓尼基人嚴格保密的配方，接著再提取出紫色的顏料。其實腓尼基人通常不直接出口染料，在大型的腓尼基城鎮中由染坊生產兩種不同規格的紫色紡織品：將亞麻布直接染色而製成的紫色布匹原料，以及高級的帶有刺繡的紫色服裝。

腓尼基社會雖然農業發達，但並沒有亞麻紡織業，他們的印染行業所需的亞麻布是從埃及進口的，毛織品則是自產。被運回腓尼基城邦的原料並非只有亞麻布一種，腓尼基人的海船每天帶來賽普勒斯的銅錠、安納托利亞的錫塊和西班牙的鉛塊、銅錠、錫塊等等。卸貨後又拉著黎巴嫩的木材、北非的象牙製品和以布匹為主的紫紅色染料製品等揚帆遠航。

我們在上一節反覆提及奢侈品對地中海世界各國宮廷的重要性，但並非所有腓尼基城鎮出產的商品都與奢侈品有關。在被打撈起的腓尼基失事船隻殘骸中，人們發現了他們日常航行中所運物資的資訊：一塊塊的銅錠和錫錠，還有盛著油膏、酒和油的容器，以及玻璃、金銀首飾和彩陶器等貴重物品、金屬工具和武器的殘片。

推羅、西頓、比布魯斯等腓尼基城邦中出產的大量鐵製家庭用品和農具，以及銅製標槍和槍頭等兵器、彩陶玻璃飾品、橄欖油等油脂，也都在大宗出口商品之列。

當然，腓尼基的商業菁英在奢侈品製造和貿易方面更是獨領風騷。

雖然希臘人一再抱怨腓尼基人奸詐不可信，但他們不得不承認腓尼基商品的品質是無可挑剔的，其優良質地得到了包括《聖經》、荷馬的《奧德賽》（*Odyssey*）在內的古代文學作品的認可。在荷馬的《伊利亞德》（*The Iliad*）中，被偉大的希臘英雄阿基里斯（Achilles）當作獎品的一個巨大銀盃是「西頓工藝的巔峰之作」，它是「世界上最美麗的東西」。而拐帶海倫的罪魁禍首——帕里斯的母親特洛伊王后赫庫芭（Hecuba），她則擁有大量西頓婦女織成的禮服。這些帶有華美刺繡的紫紅色服裝由於過於貴重，以至一直被放在特洛伊城的王宮寶庫中珍藏。

推羅城素來以盛產能工巧匠而著稱，來自海外的珍貴原材料，由大批的奴隸和牲畜分送到城中的一家家工坊中進行加工：來自敘利亞北部、非洲和印度的象牙被雕刻成精美的家具裝飾物和日用器具。作為地中海世界的玻璃和彩陶器生產中心，木匠們能從這裡購買到大量彩陶、半寶石和彩色玻璃嵌入雪松等高檔木家具中作為裝飾。

腓尼基工匠能夠按照亞述、巴比倫和埃及等不同文化主題進行設計，讓顧客滿意。西亞和埃及的貴族家中如果不擺幾件腓尼基人打造的家具，就會被人瞧不起，而希臘和義大利的客戶則是對腓尼基的金屬製品趨之若鶩。對這些曾經承攬所羅門聖殿金屬鑄造工作的工匠來說，打幾個青銅酒壺或銀飯碗的輕鬆，當然不在話下。雖然後來的希臘人和羅馬人對腓尼基多有誹謗，但他們也承認，自己在金屬鑄造和製造工藝方面落後對方一大截……

在一處西元前十世紀的愛琴海埃維亞島的希臘貴婦墓葬中，女主人的貼身物品是腓尼基製造的精美鍍金髮髻和金別針。而在陪葬物件中，以一個做工精細的鍍金青銅碗最引人矚目，女主人的雙手放在這個碗上，似乎在守護自己的財寶，她那泛白破碎的指骨上還套著九個不同樣式的腓尼基金戒指。在介紹腓尼基墓葬文化時，我們已經了解到他們對周邊文化相容並蓄的態度，這種思想也在工藝品生產中充分展現。每艘抵達異邦的腓尼基商船都會為客戶帶來各式各樣風格、擺在一起時令人眼花撩亂的商品。

至於腓尼基出產的金銀首飾則是大行於天下的熱門商品，這些貴金屬產品在細節處理與藝術方面，讓見多識廣的埃及人都為之驚歎。在產量驚人的腓尼基首飾中，最受歡迎的主題是埃及神話題材。腓尼基製造的古埃及風格的首飾主要有項鍊、耳環、頭冠、手鐲、手鍊、戒指、腰帶、護身符及墜子等種類，製作精美、裝飾複雜，繁複的配色蘊含著濃厚的神話象徵意義：金色是太陽神的顏色，象徵著生命的源泉，代表神的肉體和永恆不滅；銀色代表黎明的太陽、月亮、星星；天青石代表保護世人的深藍色夜空；綠松石、孔雀石和沙漠長石象徵尼羅河帶來的生命之水；墨綠色碧玉代表再生的力量；紅色碧玉則象徵著生命。

除了顏色之外，形狀也非常重要。埃及風格的護身符多以聖甲蟲、生命之符（Ankh，又稱安卡）、神聖動物、男女神靈、王冠和荷魯斯之眼（The Eye of Horus）等形狀製作，腓尼基人和埃及人都相信，依靠這些物品的魔法力量可以為自己招來好運氣，並驅逐一切厄運、危險的事故、饑渴、毒蛇和惡魔。雖然早期的埃及只有國王能使用和佩戴金質飾物，因為黃金是「太陽之體」，代表著神聖永恆，後來才逐漸允許祭司和貴族階層佩戴金質飾物。但在腓尼基人這裡，顯然沒有這類等級的顧忌，只要顧客出得起錢，什麼材質的商品都賣。

腓尼基的首飾多用金銀和半寶石製成，半寶石是介於寶石和石頭之間的各種色彩斑斕的礦石，如綠長石、綠松石、孔雀石、石榴石、玉髓、青金石等。除了奢侈品首飾之外，他們還批量製作供應平民的首飾。這類產品一般用彩釉陶珠製成，工匠們將鹼性釉料塗在石英製成的胚胎或石子上燒製成亮晶晶的首飾。腓尼基人受埃及人影響也喜歡佩戴各種護身符，就算是最窮苦的奴隸和農民的孩子，也至少擁有陶質戒指和骨質護身符，在這些粗糙的首飾上刻著貝斯神、荷魯斯之眼以及新月狀的太陽神符號，這些符號被認為可以保護攜帶者免受在陽間潛行的惡魔如夜魔「飛鳥」、「扼殺者」和蛇身惡魔「瑪澤」的侵害，這幾乎是可憐的父母能給予孩子的唯一保護了……

除了一般的貨物之外，腓尼基人還販賣特殊的商品——奴隸。

腓尼基是當時地中海世界的奴隸買賣集散中心，經由海路和陸路被運送到腓尼基海岸的奴隸中，有西班牙的白種人、美索不達米亞的西亞人，以及來自北非的黑人。腓尼基城邦中的奴隸眾多，他們有的在主人的田地裡服務，有的在工坊中工作，特別有才華的奴隸也可以經商、航海，這些擁有工作的奴隸往往比較受腓尼基人信任，他們的待遇稍好，甚至可以擁有自己的積蓄。

希臘人曾講述過很多北非和西亞土地上，原始部落居民被腓尼基人擄掠為奴的故事。曾熱情頌揚過腓尼基商品品質優良的荷馬，就在《奧德賽》的著名片段中講了一個人口販子的故事，智勇雙全的希臘英雄奧德修斯（Odysseus）那忠心耿耿的奴隸豬官歐邁俄斯（Eumaios）曾是一位希臘王子，自幼被父母找來的西頓籍保母拐走，保母將他交給了自己的腓尼基商人同夥，最終將這個苦孩子賣給奧德修斯，一直養豬養到老。

不光歐邁俄斯如此，連奧德修斯本人也差點栽在腓尼基人手中。「一個陰險的腓尼基人，一個已經在世界上幹下了許許多多傷天害理之事且卑劣無恥的竊賊，說服了奧德修斯，跟自己一同前往腓尼基的住宅做客，結果這竟然是誘拐奧德修斯、準備將他賣為奴隸的詭計！」當然，荷馬寫下的這些故事基本都是根據神話傳說編的，更多的是為了表達希臘貴族菁英對商人的厭惡之情。

希臘貴族們希望將自己與唯利是圖的商業活動劃清界限。與古代希臘一直以來的做法相同，當故事裡需要出現一個壞人時，作家們往往喜歡在腓尼基人中找人對號入座。這種普遍存在於希臘人傳統認知中的憎惡之情，是基於「之前就已存在的」對腓尼基人的負面看法而產生，說明即使早在荷馬所處的時代，腓尼基人與希臘人之間的商業和殖民競爭就已經相當激烈了。

但有意思的是，當初為黑暗中的希臘人重新點燃文明之火的恰巧是腓尼基人，雙方在交惡之前，也曾經歷過漫長的蜜月期……

敵友之間的較勁

希羅多德所描述的腓尼基人與黑人之間「躲貓貓」式的貿易方式，源自一次腓尼基人的航海冒險，但這次冒險的發起者不是推羅或西頓等傳統城邦的國王，而是一位埃及法老。在後期埃及第二十六王朝時代，埃及出現了又一次復興的態勢。腓尼基與埃及的海上貿易再度興盛，尼科二世（Necho II）大力發展地中海和紅海艦隊，甚至試圖建設連通尼羅河與紅海的運河，這就是現代蘇伊士運河的濫觴。

尼科二世的海軍中堅力量由腓尼基人組成，這些雇傭兵為埃及帶來了先進的造船和航海技術，埃及因此擁有了三層槳座的巨大戰艦。心花怒放的尼科二世派遣這些腓尼基人遠航探險，他認為非洲大陸比埃及大不了多少，所以埃及需要控制從紅海出海口到直布羅陀的海上運輸線。而腓尼基人此時正好急於找到一條從非洲直通西歐的新航路，一個出錢，一個出人，雙方一拍即合。

於是，一個由六十艘海船組成的偉大探險艦隊出發了，然而航程中的艱難困苦和耗時久遠，都大大出乎埃及法老與腓尼基人的預料。他們腦袋中的非洲，實際上只是對北非地區面積的片面認識。勇敢的腓尼基人從紅海出發，經過好望角整整繞非洲航行了一圈。當倖存的船隻由直布羅陀海峽返回埃及時，已經是三年後了。這次跨越一萬六千海里的航行，不僅是古埃及航海業的巔峰，也是大航海時代之前地中海文明圈中最偉大的一次探險。

正是在這次探險中，腓尼基人接觸到了赤道附近的黑人原始部落。其中有一個種族的黑人有著他們從未見過的怪模樣：膚色黝黑、嘴唇特厚、鼻孔朝天。這些黑人禁止腓尼基人靠岸接近自己的村落，朝他們丟石頭並做出射箭的姿態。腓尼基人只好繼續航行，然後在不遠處的沙灘上見到了擺放整齊的獸皮和象牙等物品。

正在疑惑的腓尼基人發現沙灘上有一位土著老人，經過艱難的交涉後才明白土著人希望與腓尼基人進行貿易，卻又不願意外人進入自己的村落，所以才想出這個辦法。於是腓尼基人將船上的青銅斧頭、彩陶飾品等貨物搬上沙灘，然後將象牙和獸皮搬上船後離去，並在木板上記錄下這次奇遇。

至於土著人禁止腓尼基船隻靠岸的原因，很可能是被船隊中那些三層槳座的巨大戰艦嚇住了。這些戰艦是西元前七世紀到西元前四世紀時期，在地中海地區具有壓倒性優勢的先進武器，巨大的船體能容納得下分布在兩側三層甲板上的八十名划槳手。

除了人力之外，這種戰艦還裝備有一大一小兩張帆，可以捕捉利用橫向吹來的海風，在人力和海風共同作用下，它可以連續完成三百四十公里的長距離航程。這種戰艦還裝有銳利的青銅撞角，可透過撞擊在敵艦側面製造破洞。除了撞擊戰術之外，弓箭手和投石兵還能站在船首前甲板上向敵艦水手密集投射。這種戰艦雖然經由腓尼基人之手成為埃及法老的戰艦，但它的「智慧財產權」卻屬於腓尼基和希臘。

大約在西元前二一三〇年，埃及的古王國時代忽然結束了，那些只關心永恆來世的人間荷魯斯（Horus）——埃及國王被推翻。動用舉國之力興建的大金字塔淪為盜匪搶劫的目標。在缺乏史料記載的情況下，古王國的結束顯得無比突然，這個神王的國度彷彿一夜之間在魔法作用下徹底崩潰。

透過對沉積岩的分析，我們已經確定在古王國崩潰的時候，非洲正遭遇嚴重的旱災襲擊，尼羅河年度洪水的水平面不同於往常的低。這表示了氾濫沒有如期而至，農夫們無地可耕。埃及的地方歷史記錄和藝術品為那場與古王國崩潰同時發生的大旱災提供了旁證，古代文獻中記載從南方吹來的熱風連續刮了幾週時間，沙塵暴讓人們數日見不到太陽的光輝，農田徹底乾燥，化為塵埃，尼羅河淺到人們可以赤腳涉過。

不光是埃及遭遇災難，整個近東地區的歷史記錄都留下了可怕的旱災和大饑荒的回憶，外國饑民不顧一切地越過邊境，這些瘋狂而絕望的難民消耗掉埃及本來就匱乏的糧食和水供給。一連串的災難事件，讓埃及的男女老少們紛紛對信仰神王產生了動搖，控制河流和農業豐收不都是他該做的事情嗎？為什麼住在大房子裡的國王不使用魔法解決這些問題？是他懈怠瀆職，還是根本不是真正的太陽神「拉」（Ra）之子？

在每個地方的百姓眼中，能保護水和糧食不被奪走，能夠保護他們活下去的人，就是他們的國王。於是古王國就這樣徹底解體了，上下埃及分裂成由很多強有力的首領控制的小王國。除了抵禦入侵者和確保地盤安全之外，金字塔、藝術等一切與生存無關的事情全部停頓，哪怕是對神靈如此虔誠的埃及人，此刻唯一祈求的也只有生存。亂世之中，人如螻蟻，所有的史料都是模糊的，後世的研究者甚至不能確定這個中間期到底有多長。目前的估計是從一百四十年到二百年不等。沒人知道上下埃及經歷過多少次王位更迭，這些所謂的國王數量是一個謎。

在一些古代留下的隻言片語中，我們可以窺見一個又一個的人閃電般稱王又覆滅，有時候，幾個人同時宣稱自己控制了整個埃及，但這些人加起來的影響力都沒能超出孟斐斯的城門一步。這場被天災人禍持續打擊的埃及大混亂時代持續了一個半世紀之久，被歷史學家稱為「第一中間期」（first Intermediate Period），在此期間，位於下埃及的尼羅河三角洲受到近東湧來的難民衝擊，這些難民組成複雜，有埃及東北部國境附近的異族人，也有來自巴勒斯坦的迦南人難民，甚至還有沿著底格里斯河－幼發拉底河地區的西臺等遊牧民族入侵者，猶如一個史前「聯合國部隊」。

在亞洲人和利比亞人的入侵洪流面前，埃及的政府機構土崩瓦解，統治者拋棄自己的土地和人民一路向南逃去。被遺棄的埃及人惶然無措，他們不願離開自己的國度，甚至不願離開自己的家鄉。但在大災變之前，很多埃及人也離開了尼羅河的懷抱。不久之後，具有強烈近東與埃及文化風格的克里特文明誕生了，人們一直猜測這是第一中間期逃離故土的埃及人移民克里特的結果，而克里特文明就是照亮希臘文明的第一縷曙光。

說起希臘文明，不能不提到克里特這個名字。

克里特文明因克里特島上發現的遺跡而得名。克里特島位於愛琴海南部，距離埃及約三百公里，距離希臘本土一百餘公里，愛琴海文明正是起源自克里特島。克里特遺跡中發現的騳牛壁畫，與西臺文明陶罐上繪製的騳牛畫如出一轍，而他們的壁畫用色和繪畫手法，又完全是埃及繪畫的翻版。歷史學家推測，克里特島上的居民祖先來自西亞和埃及，這些移民發展出燦爛的青銅文化，但因為西元前十四世紀的一場劇烈的火山噴發而一蹶不振，最終被希臘伯羅奔尼薩（Peloponnisos）地區亞該亞（Achaea）人建立的邁錫尼文明（Mycenaean Greece）吸收並滅亡，只留下空蕩蕩的遺跡和無法破解的線形文字。

與克里特文明比起來，邁錫尼文明留下的藝術品和建築遺跡，無不透露出「傻大粗笨」的氣息，邁錫尼征服克里特其實是野蠻戰勝文明的一個例證。那麼，這些亞該亞人又是從哪裡冒出來的呢？按照埃及人的記載，他們就是曾經入侵過埃及的海上民族中的一支。亞該亞人可謂是上古時代的戰鬥民族，向海外擴張的態勢十分猛烈：他們夥同利比亞人進攻埃及本土，又與加里亞人等巴爾幹半島上的蠻族一起入侵巴勒斯坦以及敘利亞地區，並形成了一個被稱為非利士人的混血民族。

克里特文明留下的壁畫。

古代希臘人稱非利士人的居住地為巴勒斯坦，意即非利士人的國家，這就是巴勒斯坦地

名的由來。亞該亞人還曾渡過地中海，向北進攻小亞細亞西北部的特洛伊，此次戰役就是後來被荷馬寫入《伊利亞德》和《奧德賽》而傳諸後世的史詩——希臘聯軍統帥阿加曼農（Agamemnon）正是邁錫尼的國王。講到這裡，大概理清了希臘人和腓尼基人的淵源，正是海上民族入侵地中海世界後，與迦南人相互同化而誕生了腓尼基人，而這些入侵者中的亞該亞人，又是希臘人的祖先。

海上民族入侵地中海世界並不是短暫現象，到了西元前十二世紀時，亞該亞人遇到了比他們強悍的戰鬥民族，從南俄草原起源的多利安人（Dorians）。這些更加勇猛的移民一路遷移至伯羅奔尼薩後，徹底消滅了已衰落的邁錫尼文明，他們的後代則建立了著名的斯巴達（Sparta）城邦。當希臘文明再度復興後，從希臘駕船遠航開拓地中海貿易的商人，經常會遇到一些與自己語言類似的城邦，這些城邦分布在地中海東部沿岸，居民就是數百年前逃離希臘的邁錫尼遺民。

邁錫尼文明毀滅之後，希臘進入所謂文明中斷的黑暗時期，他們的線形文字失傳，但愛琴海文明並沒有徹底滅亡，邁錫尼文明殘留下來的宗教傳說，成為後來希臘神話的起源，而促成這一切的又是腓尼基人。在希臘文明陷入黑暗之時，腓尼基人開闢了往返於希臘半島、西西里島、撒克里特文明留下的壁畫、巴利亞利群島、伊比利亞半島、加那利群島的航線，他們的船隻定期往來於北非、黎凡特、希臘半島和地中海各個島嶼。

直到西元前八世紀時為止，希臘半島以及地中海上那些貧困的希臘城邦，在腓尼基貿易網中還顯得微不足道，那裡的人只能拿出陶器來與腓尼基人交易。而西班牙的原住民卻能提供亞述不斷向推羅索取的白銀和魚露——一種用腐爛的鯖魚與醋混合製成的調味品，它的刺激性味道被地中海世界的人視為美味佳餚，更不要說埃及的紡織品和西非的象牙、獸皮以及奴隸了。

不過，腓尼基人沒有放棄與希臘人的貿易往來，因為他們發現亞述帝國對希臘陶器的需求在不斷增長，因此打算控制這個市場。腓尼基商船運送給希臘人的除了奢侈品之外，還有埃及的筆、墨水和莎草紙，也傳給他們先進的手工藝和源自迦南宗教的腓尼基神話。儘管腓尼基人是為了做生意，並未打算成為希臘人的文化教師，但希臘文學作品、語言、宗教儀式和藝術的許多方面，都已經被腓尼基文化潛移默化，受到了重大影響。沒有這些埃及和腓尼基的商品，希臘文明不可能走出黑暗時代。他們從腓尼基人那裡學到了造船、建築和金屬冶煉等等技術，但其中最重要的一項則是文字。

腓尼基字母的主要優點，在於可以透過死記硬背來掌握，這也使得異族人便於掌握這一文明成果。在西元前十一世紀時，希臘人已經根據腓尼基文字改進出希臘字母的雛形，目前發現的最早的希臘字母樣本，源自西元前八世紀中葉，它們被刻寫在尤比亞島（Euboea）萊夫坎迪（Lefkandi）遺址的陶器碎片上。希臘人不僅將二十二個腓尼基字母改進為二十四個希臘字母，並增加了有明確發音的母音字母。在此之前，腓尼基文字、埃及文字等都以表義為主，發音只能靠上下文推斷，母音的出現，使得文字擁有了精確的表音功能。

除了文化和商品之外，腓尼基人還將與海上貿易有關的新概念傳入希臘，如有息貸款、海上保險、商業投機聯合融資、儲蓄業務、度量衡等概念，都被希臘人所接受。事實上，腓尼基人充當了把近東先進文化與經濟傳播到希臘地區的橋梁，於是從西元前八百年開始，輝煌的古希臘文明開始起步。早期腓尼基與希臘文化的融合，為這兩個族群在地中海世界的合作打下了基礎，三層槳座戰艦的發明就是其中的典範。但地中海上那些沿著北非、薩丁尼亞島、馬爾他島和巴利阿里群島建立的腓尼基殖民地，已經在繁榮的地中海貿易線上連成一根鏈條。這些殖民地不光促進了貿易，還有隔斷地中海南部侵擾的海上防線的作用。它是一條隱形的貿易和軍事封鎖線，當快速發展起來的希臘人已經成為腓尼基人的商業競爭對手時，他們發現自己被腓尼基人死死擋在了地中海貿易中利潤最豐厚的金屬礦石市場之外。

於是一對親密的交易夥伴，逐漸邁向漫長的競爭和戰爭之中。

推羅的陷落

推羅的輝煌一直持續到西元前八世紀的最後數十年，它成為腓尼基人向地中海西部進行貿易擴張的大贏家。從賽普勒斯到西班牙的殖民地和商業據點不停地向推羅輸入貴金屬，以供應亞述帝國，才勉強讓推羅人得以保持他們脆弱的獨立地位。當推羅向左右望去時，發現自己的兄弟城邦都已被亞述吞併，這種孤獨讓推羅統治者不寒而慄。從西元前八世紀的三〇年代開始，當政的提格拉斯皮爾斯三世（Tiglath-Pileser III）一改先王允許繳納沉重貢賦的腓尼基人自治政策，他認為，將這些會下金蛋的母雞直接握在手裡更合適。

當亞述的大軍陸續攻占腓尼基城市時，推羅人鼓起勇氣參加了腓尼基反亞述聯盟。亞述的統治是異常血腥殘暴的，亞述軍隊所到之處都被焚燒破壞，財物被掠奪，居民被屠殺或擄走為奴，可以說是徹底的三光政策。由於亞述人的暴行，猶太人將亞述首都尼尼微城（Nineveh）稱為「血腥的獅穴」。

於是當推羅人看到自己的幾個城市被亞述的虎狼之師輕鬆攻陷後，立刻選擇投降並繳納巨額黃金向提格拉斯皮爾斯三世謝罪：「陛下，我們錯了，看在金子的分上，原諒我們吧……」提格拉斯皮爾斯三世想了想，消滅推羅似乎也未必有把握讓地中海貿易網有效運轉，於是收下黃金後說了一句：「好，都在金子裡了。」推羅失敗的反抗換來了亞述行政官員更嚴格的監管，亞述的徵稅官坐鎮推羅島城著名的雙子港中，對木材之類的產品強制性徵收高額關稅，以確保腓尼基商人無法和正與亞述為敵的埃及進行貿易。

於是推羅人小心翼翼維持數百年的獨立開始逐漸崩潰，每當他們忍受不了這種壓迫而反抗起義時，都會導致亞述對他們施加更令人窒息的政策進行懲罰。

西元前七〇一年，推羅的統治者盧利（Luli）與猶太國王希西家（Hezekiah）在埃及第二十五朝法老的鼓動下聯手發動了反亞述大起義，埃及傾力支持這次起義，從巴勒斯坦到敘利亞，各地都舉起了叛旗。時任亞述國王的辛那赫里布（Sennacherib）手裡擁有一支無比複雜的鐵器時代軍隊，兵種眾多，有戰車兵、騎兵、重裝步兵、輕裝步兵、攻城兵、輜重兵、工兵等，僅僅弓箭手就分了四個等級。

這支強大的亞述軍隊採用迂迴戰術，擊敗了埃及援軍後猛攻推羅。當盧利按照傳統，放棄陸地主城退守島城時，卻發現辛那赫里布居然不像以前的亞述君主一樣劫掠後就撤回，於是一場長達五年之久的圍城戰就此開始。最終西頓等已經不在推羅控制之下的腓尼基城邦，提供了亞述六十餘艘戰艦參加圍攻，萬念俱灰的盧利與他的家人、僕從一起擠進一艘船裡逃往賽普勒斯。

推羅陷落後，辛那赫里布率軍從三個方向圍攻耶路撒冷。但就在猶太王國危在旦夕時，亞述軍內發生瘟疫，被迫停戰，猶太人以大量的貢品換得了耶路撒冷的平安。

推羅的陷落，直接導致了其在腓尼基海岸和賽普勒斯的領地發生了一連串叛亂，致使賽普勒斯最終為亞述人吞併。在此之後，推羅只在名義上是個獨立自主的王國，但城邦的一切權力都被亞述派駐的總督掌控。在沒有亞述官員在場監督的情況下，推羅國王甚至無權拆開寫給自己的信件。此時吞併推羅對於亞述而言已如探囊取物，但亞述統治者還是抑制住了將推羅與亞瓦底、比布魯斯這三個碩果僅存的獨立王國併入亞述本土的念頭，這時，腓尼基其餘的領土已經被劃分成亞述的三個行省。

為實用主義所支配的亞述統治者雖然殘暴，但其實很理性，他們不願冒著讓推羅在地中海西部的貿易網路瓦解的風險，這一網路因為推羅殖民地的叛亂已經大為動搖了，如果崩潰的話，又有誰能提供亞述需要的大量白銀和其他金屬呢？如果失去了這筆收入，亞述國王如何才能維持廣闊領土統治的開銷。如果貿然吞併推羅，自希蘭一世時代起延續下來的美刻爾與推羅王的神權和王權合一模式也會被打破，那麼所有推羅的海外殖民地反而會脫離亞述的掌控。

在西元前五世紀初，大流士一世（Darius Ⅰ）在位時，波斯帝國不斷西進，占據了西亞和北非。大流士一世在年輕的時候，歷經十八場苦戰，掃清了八個割據勢力，才重新統一了波斯帝國，所以狂妄地自稱「王中之王，諸國之王」。不管別國認可不認可，反正波斯人認可這一點，他們把大流士尊稱為「鐵血大帝」。其實大流士一世在政治上還是比較開明的，他讓各被征服地區在承認波斯皇帝最高權威的基礎上，實行區域民族自治。而且允許各自治地有自己的法律體系。例如被征服的埃及仍舊沿用古埃及法律，巴比倫和猶太地區則分別保留了《漢摩拉比法典》和《聖經》的法律內容，推羅等腓尼基海岸的城邦國家自然也得到了同樣的自治待遇。

順帶一提，大流士一世還是位拜火教教徒，他把拜火教定為國教，卻又容許各民族保持自己的宗教信仰，這是極為難得的寬容之舉。不過對於那些仍舊保持著獨立的國家而言，民族自治畢竟比不上民族獨立，所以在西元前四九〇年，波斯軍隊進軍古希臘時便遭到了迎頭痛擊。當時大流士一世派軍橫渡愛琴海，在距雅典城東北四十公里的馬拉松（Marathonos）平原登陸。馬拉松這個名字的意思是「多茴香的」，因古代此地生長著眾多茴香樹而得名，不過在波斯軍隊抵達之後，此處就是「士兵多的」地方了。

馬拉松一戰中，兩萬波斯軍隊被一萬一千希臘聯軍擊敗，有六千四百名波斯人歸於塵土。據說雅典將軍在戰鬥結束後，派一個名為菲迪皮德斯（Pheidippides）的士兵回去報信。飛毛腿菲迪皮德斯先生一路飛奔回到雅典，跑到雅典城後他只說了一句：「我們勝利了！」就倒在地上累死了。為了紀念這一事件，在一八九六年舉行的第一屆現代奧林匹克運動會上，設立馬拉松賽跑這個項目，把當年菲迪皮德斯送信時跑的里程，規定為賽跑的距離。

希臘與波斯的衝突持續到西元前四七八年，精疲力竭的戰爭雙方簽訂了卡里阿斯和約（Peace of Callias），波斯帝國從此承認小亞細亞之希臘城邦的獨立地位，並且將軍隊撤出愛琴海與黑海地區。此後希臘世界陷入持續數十年的伯羅奔尼薩戰爭（Peloponnesian War），希臘城邦兩巨頭雅典和斯巴達兩敗俱傷，最後底比斯占了上風。

底比斯有一支很獨特的精銳部隊——底比斯聖隊，他們由一百五十對同性戀伴侶組成。這支部隊是底比斯軍隊的菁英，他們作為先鋒在留克特拉戰役（The Battle of Leuctra）中擊敗了凶悍無比的斯巴達。據說，底比斯聖隊中的情侶之間默契十足，一旦伴侶死傷，剩下的一個會瘋狂地攻擊敵軍報仇。除此之外，底比斯的重裝步兵還採取了新的戰術隊形，他們用厚達五十列的隊形沖散了只有十二列的傳統斯巴達隊形。斯巴達國王和他的衛隊全被殺死，底比斯奪取了新的霸主地位。

趁此良機，不起眼的小國馬其頓開始崛起。經過一系列戰爭，馬其頓征服了希臘各城邦。馬其頓本是一個處於希臘文化圈邊緣的半開化小國，自從腓力二世（Philip II）登上王位之後，經過二十多年的勵精圖治，打造了一個強大的馬其頓王國。腓力二世訓練出戰鬥力很強的「馬其頓方陣」（Macedonian Phalanx），並建立了強大的海軍。他利用希臘城邦之間的矛盾，在西元前三三八年喀羅尼亞戰役（Battle of Chaeronea）中大勝希臘聯軍，連大名鼎鼎的底比斯聖隊也在喀羅尼亞戰役中被馬其頓軍隊全部殲滅。第二年在科林斯（Corinth）召開全希臘會議，成立了以馬其頓為主導的科林斯同盟，確立了腓力二世對希臘諸城邦的控制權。

西元前三三六年，腓力二世的兒子，同時也是西方歷史上最偉大的君王登上歷史舞台，他就是亞歷山大大帝（Alexander the great）。而屬於腓尼基文明霸主推羅的時期，也隨著亞歷山大的到來而到了盡頭，西元前三三二年，這個可怕的敵人為推羅這座古老城邦，帶來了終結時刻。

讓我們先回到西元前三三六年夏，馬其頓國王腓力二世在女兒的婚禮上突然被侍衛保薩尼亞斯（Pausanias）刺殺，剛滿二十歲的亞歷山大繼承了王位。關於腓力二世凶案主謀的謠言在馬其頓掀起不小的風浪，畢竟這起謀殺案的凶手在行刺後立即自殺，使整個案件成了無頭懸案。起初，波斯皇帝大流士三世（Darius III）看起來很可能是幕後黑手，畢竟若是腓力二世不死，波斯隨即會遭遇戰禍。不過馬其頓國內的情況也很微妙：腓力二世和喜歡與蛇共眠的奧林匹亞絲（Olympias）王后感情不和，後來乾脆宣布離婚，連帶著也嫌棄自己的長子亞歷山大。他再娶的妻子又生了兒子，這種情況也逼得前王后不得不有所行動。奧林匹亞絲是伊庇魯斯的公主，保薩尼亞斯也是伊庇魯斯人。腓力二世死後，他新娶的妻子及其幼子，連同娘家的一堆親戚，都被奧林匹亞絲殺光，這也說明了很多問題。總之，腓力二世雖然死得不明不白，卻成就了一位更偉大的君王。

腓力二世一死，屈服於馬其頓的希臘各城邦和色雷斯、伊利里亞等地的一些部落紛紛乘機發動叛亂或宣布獨立。年輕的亞歷山大首先率軍進至巴爾幹半島北部，征服了背叛自己的伊利里亞諸部落，把色雷斯人擊退至多瑙河濱。此時底比斯也舉起了叛旗，他們的間諜四處散播亞歷山大在多瑙河陣亡的謠言，在馬其頓國內外掀起了軒然大波。然而，亞歷山大的反應快得出乎希臘人意料，馬其頓的大軍以閃電般的速度出現在底比斯城下。在有聖隊保護的時候，底比斯都打不過馬其頓了，更別說現在，城市轉眼就被攻破，亞歷山大先是一通搶掠，然後又放了把火，把底比斯燒成一片焦土。除了少數與馬其頓交好的人外，所有居民都被變賣為奴。

底比斯的毀滅是一劑使人清醒的良藥，希臘各城邦望風歸降，連雅典也派代表來祈求寬恕，並敬贈亞歷山大榮譽市民稱號，全然不顧昔日霸主的顏面。亞歷山大這樣做純粹是殺雞儆猴，轉眼間，希臘成為馬其頓穩固的大後方，他可以全心全意開始做自己最感興趣的事情了——征服整個東方。亞歷山大正好把腓力二世謀殺事件拿來做為遠征波斯的藉口，如此一來也洗清了自己母親的嫌疑。

出征之前，亞歷山大把自己所有的財產分贈他人。當時有位將領問他：「你把什麼留給自己呢？」亞歷山大傲然答道：「希望！」就這樣，亞歷山大懷著對財富和權力的無盡渴望，踏上了千里迢迢的征程。西元前三三四年春，亞歷山大渡過赫勒斯滂海峽（即達達尼爾海峽〔Dardanelles〕），

馬其頓國王腓力二世遇刺後，年輕的亞歷山大王子繼位為王。

開始了長達十年的東征。

遠征波斯帝國的馬其頓軍隊，僅由步兵三萬名、騎兵五千名和戰艦一百六十艘組成，波斯帝國卻擁有數十萬大軍、戰艦四百艘。而且波斯帝國面積比馬其頓王國約大五十倍，更何況，遠東古老而富足的埃及、巴比倫、腓尼基等諸多國家均已被波斯征服，併入波斯版圖。儘管力量懸殊，但亞歷山大的軍隊訓練有素，他本人擁有天才般的軍事指揮能力和身先士卒的勇氣，加上波斯帝國此時已經四分五裂，而且大流士三世是個意志薄弱、毫無謀略的昏君。所以銳不可當的亞歷山大渡過赫勒斯滂海峽後初戰告捷，他率領著希臘歷史上第一支成建制騎兵部隊「夥伴騎兵」，開闢了向亞洲擴張的道路。不少城邦不戰而降，甚至把亞歷山大視為將自己從波斯人統治下解放出來的救星。

西元前三三三年夏天，亞歷山大又在伊蘇斯城（Issus）附近，以其著名的「馬其頓方陣」擊敗了不甘

古希臘壁畫，亞歷山大大帝撲向逃跑中的大流士三世。

心失敗的大流士三世。亞歷山大連戰連捷之後，沒有一鼓作氣追殺大流士三世，而是把鋒芒指向敘利亞和腓尼基。因為這是波斯海軍的大本營，特別是腓尼基人的艦隊，是堪比希臘艦隊的強大力量。亞歷山大的目標很明確：為確保向東方進軍時無後顧之憂，必須徹底摧毀波斯的海軍力量，掌握制海權。

西元前三三三年冬天，亞歷山大揮軍沿地中海東岸迅速向南挺進，進入傳統的腓尼基海岸地區。波斯大軍慘敗的消息像晴天霹靂般傳遍了整個西亞，那些臣服於波斯的城邦無不感到震驚。基於古老的生存之道，腓尼基人希望以獻出低頭進貢的投降大法應付過去，所以在亞歷山大進軍途中，所到之處的腓尼基城邦如比布魯斯、西頓等都望風而降，主動迎接亞歷山大入城。大勢之下，推羅自然也不能獨存，同樣派出使者在半路迎接亞歷山大，沿用的依舊是當初對付亞述人的那一套：「都在金子裡了……」

亞歷山大接見了推羅使者，並且說自己打算到推羅，向一位英雄神祇——希臘神話中的大力神海克力士（Hercules），也是希臘人對推羅守護神美刻爾獻祭。亞歷山大的意思很明確，他要派兵進駐推羅，以確保推羅艦隊為馬其頓所用。但推羅人卻在這時候耍起了小聰明，他們害怕如果亞歷山大東征失敗，自己會遭到波斯人報復，所以打算騎牆觀望。於是他們再度派遣使者告訴亞歷山大：「我們接受陛下的統治，但決不能允許波斯或馬其頓軍隊進入推羅城。」亞歷山大對這樣的回答自然很惱火，推羅的命運也因此註定和底比斯一樣了……

起初，推羅人在面對馬其頓軍隊時還是胸有成竹的，畢竟他們曾多次憑藉島城和海軍，消耗得敵軍無奈退兵，而且這次亞歷山大只帶來了陸軍，他們要面對的卻是一點六公里長、五公尺深的海水天塹，除此之外，還有高達五十公尺的堅固城牆，所以推羅人判斷對方毫無勝算。但亞歷山大並不是推羅人曾面對過的那些西亞君王，他先徹底拆毀了推羅的陸地主城，再將建築殘骸作為填料，從海岸築堤壩直抵推羅島城！這樣一來，推羅人的海軍優勢便無從發揮，海戰變為陸戰。

亞歷山大身先士卒，率領馬其頓戰士熱火朝天地進行著這項浩大的工程，當工程推進到深水區時，便遭到推羅艦隊的多次攻擊，善戰的馬其頓人想了一個辦法，他們製作了兩座帶輪子的木製巨塔，把它們推到堤壩盡頭，在塔外裹上生牛皮以防箭矢，並在其頂端安裝了投石器來打擊靠近的推羅戰艦。

推羅人則把一艘運輸騎兵用的大船的木板舷牆加高，裝滿幹樹枝、木屑、刨花、松脂、瀝青、硫黃等易燃物，趁著西風起時將這艘火船拖拽到堤壩附近。在接近那兩座木塔時，推羅人點燃了火船，在箭雨掩護下，木塔付之一炬。接著，推羅城中的市民帶著和敵人決一死戰的勇氣蜂擁而出，他們乘著小船衝到堤壩上，搗毀了護堤的木樁木柵。

亞歷山大暫時吃癟後，意識到必須依靠海軍才能摧毀推羅，但是，哪來的現成海軍呢？

希望就在推羅的那些腓尼基姐妹城邦身上。亞歷山大親自到西頓等城邦徵集戰艦，推羅的那些腓尼基同胞們當然不敢違抗命令，於是亞歷山大手上很快就掌握了一支一百五十艘戰艦的腓尼基艦隊。同時，賽普勒斯等地的腓尼基城邦中的投機分子也湊出一百四十艘戰艦來投靠亞歷山大。亞歷山大帶著這支龐大的艦隊從海上逼近推羅，他在每艘戰艦上都配置了驍勇善戰的馬其頓近衛步兵，而他本人就站在最靠前的一艘戰艦上。

推羅艦隊本來打算出海迎戰，但當他們看到這支由同胞組成的龐大艦隊時，不由得大吃一驚！到了這時，推羅人才絕望地發現，除了自己之外，所有腓尼基海岸與賽普勒斯島上的城邦，都站在敵人那一邊了！絕望的推羅人放棄了正面交鋒的打算，龜縮在兩個港口內避戰不出。亞歷山大見推羅艦隊拒絕海戰，便下令直接攻擊推羅的兩個港口。但「埃及人」和「西頓」這兩個港口肚子大口子小的防禦優勢此時充分發揮了出來，於是推羅人將戰艦密密麻麻地停在港口狹窄入口處，擋住了航道。亞歷山大見強攻不成，便下令讓艦隊分頭封鎖兩個港口，同時嚴令馬其頓陸軍加快築堤進度。其間雙方多次發生針對堤壩的慘烈攻防戰，但這座索命的堤壩依舊快速向島城延伸過去。

身處絕境中的推羅人在七月的一個中午發起了一次偷襲。三艘五排槳和七艘三排槳的快船滿載著精兵，悄悄地逼近靠岸吃午飯的賽普勒斯艦隊。這次襲擊非常成功，賽普勒斯艦隊的水手大多在岸上，無人操縱的戰艦遭到重創。亞歷山大這時也在岸上吃飯，他丟下食物，立刻帶著一部分腓尼基戰艦前往支援。城頭上的推羅守軍看到亞歷山大出征，連忙大聲呼喊，讓自己人趕緊往回撤。但出擊的推羅戰士已陷入混戰之中，他們無法擊退賽普勒斯人的反擊以順利撤離，結果遭到亞歷山大率領的戰艦的前後夾擊，幾乎全軍覆滅。

這場漂亮的反擊戰讓馬其頓聯軍士氣大振，他們乘勝猛攻推羅城。馬其頓陸軍推動投石器和攻城槌沿著堤壩攻擊城牆，賽普勒斯和腓尼基艦隊則分別猛攻「埃及人」和「西頓」兩個港口。在馬其頓軍隊的猛烈攻擊下，推羅東南方的城牆被打塌，成為敵軍的一個突破口。亞歷山大親率的近衛軍立刻登城猛攻。第一批登城的亞歷山大衛隊隊長阿德米塔斯等二十勇士全部陣亡後，亞歷山大本人一手持長矛一手持盾衝了上去，一連殺死好幾個圍攻自己的推羅戰士，跟在後面的馬其頓步兵見狀熱血沸騰，奮不顧身地衝過去保護國王，並打退了阻擊的推羅人。與此同時，推羅人的那些腓尼基同胞已經占領了南北兩個港口。見大勢已去，推羅人便紛紛退回王宮做最後抵抗，亞歷山大率領近衛軍一陣猛攻後攻破了王宮，推羅終於陷落……

這場圍攻歷時七個月，馬其頓宣布整場戰役期間己方陣亡四百人，不過顯然並沒有將僕從軍和海戰損失計算在內。

為了報復圍城時推羅人殺害戰俘的行為，馬其頓人進行了屠城。共計八千推羅人被屠殺，三萬市民被賣為奴隸。只有極少數人因為躲在美刻爾神廟中而得到亞歷山大的赦免，他們是推羅國王和部分名流顯要，以及一些從迦太基來的朝拜者。美刻爾這位每年都要在聖火中上演一次生死輪迴的天神，最終被掩埋在推羅城的灰燼之下。亞歷山大在島城舉行了氣勢雄渾的馬其頓閱兵式，軍隊排出火炬長龍，以紀念這次輝煌的勝利。他們還在推羅人舉行焚燒美刻爾雕像隆重儀式的場地上，舉辦了一場紀念大力神海克力士的希臘式體育競賽。

腓尼基最耀眼的城邦之一推羅，其歷史就此終結，它的毀滅也標誌著整個腓尼基傳統勢力退出了歷史舞台。亞歷山大大力推行希臘化，他下令在被征服的東方土地上普及希臘文化。在他去世以後，希臘文化依然在亞洲不斷傳播。歷史學家將自亞歷山大去世起，直到近東被羅馬征服的這三百餘年時間稱為希臘化時代，腓尼基文化就是在這段歲月中消失於歷史長河之中了。不過，腓尼基人的傳奇並沒有結束，早在數百年前推羅開始衰弱的同時，它的海外殖民地就獲得了愈來愈多的自主權。那些分散在海外的腓尼基城邦處於沒有強大外敵的自由發展狀態，他們和對外拓展的希臘人同時展開了對地中海中部和西部地區的商業開發和殖民活動，雙方既相互合作又相互競爭。那些殖民地的腓尼基人不斷與土著通婚融合，逐漸失去了一些古老的文化色彩，卻又鑄造出新時代的腓尼基世界觀。

就在推羅陷落之際，腓尼基人最偉大的遺產正在突尼斯的沿海地區飛速崛起，這塊殖民地很快就取得了遠遠勝過推羅的偉大榮耀——它就是迦太基。

迦太基崛起——

公主的逃亡

迦太基位於非洲北部，是推羅建立的北非殖民地城邦，地理位置相當於今天的突尼斯附近，擁有當時地中海地區最強大的海上力量。一般認為，迦太基城的建城時間早於羅馬城，它由推羅移民在西元前八一四年建立，至於實際上是怎麼建起來的已不可知。在西元前八世紀到西元前六世紀之間，當羅馬人在義大利半島擴張時，迦太基人正把他們的統治擴展到北非的大部分地區，他們還控制了從西部利比亞到直布羅陀海峽沿岸和西班牙南部的大部分，以及科西嘉島、薩丁島。

雖然日後羅馬與迦太基相互為敵，但它們在早期歷史中的零星接觸中，從沒感覺到對方的威脅。當時的迦太基是一個令人敬畏的強國，幾乎控制了地中海地區所有的商業貿易，許多民族也屈服而隸屬於它，向它提供士兵和生活物資，而它從西班牙金礦和銀礦的開採中，又聚斂了大量的財富。地中海世界的城邦都有屬於自己的起源神話，迦太基自然也不例外。對於迦太基的創始人，希臘人記錄她為艾麗莎（Elissa），羅馬人則稱呼她為狄多（Dido）。

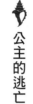

按照迦太基的傳說，在西元前八三一年時推羅國王瑪坦一世（Mattan I）決定將來由兒子畢馬龍（Pygmalion）和女兒艾麗莎平分國土。瑪坦一世可能是出於「手心手背都是肉」的慈父之心，但推羅元老院卻反對這個違背傳統的決定，他們認為這會導致國家分裂使局勢動盪。於是在元老院的支持下，瑪坦一世去世後，由畢馬龍加冕為唯一的君主。

希臘神話中的畢馬龍是賽普勒斯國王，這位國王審美眼光獨特，看不上賽普勒斯的本地女人，以至於決定永不結婚。他善於雕刻，用來自非洲的象牙雕出自己心目中最美的少女像。在夜以繼日的工作中，畢馬龍把全部的精力、熱情和愛戀都給了這座雕像，他像對待自己的妻子那樣愛撫她、裝扮她，還為她起名加拉蒂亞（Galatea），並向神乞求讓她成為自己的妻子。愛神阿芙蘿黛蒂（Aphrodite）被畢馬龍的瘋狂執著所打動，於是賜予加拉蒂亞生命，讓他們結為夫妻。這段神話在西方歷史上留下了「畢馬龍效應」（Pygmalion Effect）一詞，用以形容一個人只要對某件事情有著執著的追求，便會實現的奇蹟。

但推羅城中的畢馬龍，擅長的不是雕刻而是屠殺，他從未忘記父親那可怕的遺囑，決心不給姐姐留下任何平起平坐的幻想。新王登基的歡呼聲還未落地，士兵們就衝進推羅陸地主城中的貴族區，將畢馬龍的政敵一個個拖到街上殺死，其中就有身為新任國王姐夫的美刻爾大祭司，阿克爾巴斯（Acerbas）。

艾麗莎強壓悲痛和仇恨，裝出對弟弟毫無怨言的模樣，畢馬龍一時手軟，沒送姐姐去與姐夫「團圓」。沒過多久，艾麗莎派人通知畢馬龍，說住在自己家裡會喚起太多痛苦回憶，所以懇請讓她帶著全部財產，搬進推羅島城中的王宮居住。畢馬龍聽到這消息簡直喜出望外，這下子，姐姐不僅成了送上門的囚犯，還能得到阿克爾巴斯那富可敵國的財富，這位美刻爾大祭司可是腓尼基世界的首富！

畢馬龍是個非常謹慎的人，為了防止艾麗莎使詐，他派出一批心腹侍從嚴密監視姐姐這次搬家的全部過程。到了約定的日子，艾麗莎和送行的貴族朋友們將一包包黃金財寶運到碼頭，裝上畢馬龍派來的海船，等到船隻航行了一定距離後，艾麗莎和朋友們忽然將一些沉甸甸的亞麻口袋「咚咚咚」地踢進海裡去了！這下子，隨行監視的國王侍從們傻住了，他們手足無措地看著袋子沉入深海。艾麗莎趁機勸這些侍從隨自己一同

一九五八年的迦太基港口遺址。

逃亡。事實擺在眼前，殘暴的畢馬龍一定會被財寶盡失的消息激怒，以最殘酷的手段將耍了自己的艾麗莎和失職的侍從們統統處死。

不管願不願意，既然現在大家都面對相同的處境，所以從侍從到水手都表示願意跟隨公主逃亡，而不是回到島城被國王活活燒死。這下押送艾麗莎的船隻變成了她逃亡的工具，大家一同向美刻爾大神祈禱後，一路順利抵達了賽普勒斯島。賽普勒斯島也是推羅的領地，島上侍奉阿斯塔蒂女神的大祭司歡迎公主一行到來，並表示自己也願意加入逃亡隊伍，條件是此後由自己的後代世襲這個大祭司職位。艾麗莎同意了這個要求，這位大祭司便帶領八十名美豔如花的阿斯塔蒂神廟神妓一同登船。這樣一來，船上的男人們每人都分配到了一個妻子，不管未來落腳何處，都有了繁衍人口的希望。

透過賽普勒斯夥伴的加盟，艾麗莎的逃亡隊伍已經轉變成一支殖民探險隊。他們隨即動身前往非洲的推羅殖民城邦尤蒂卡（Utica），在當地居民的幫助下，最終抵達利比亞王國的海岸。艾麗莎的到來，並未引起利比亞國王亞爾巴斯（Iarbas）的警惕，陛下是見過大世面的人，區區一條船上的百餘名腓尼基人並沒讓他放在心上。面對艾麗莎想要購置土地安家的請求，亞爾巴斯滿口答應，但宣布只能賣給腓尼基人一張牛皮所能覆蓋到的那麼大一塊土地。沒想到艾麗莎等人居然想出將牛皮切成極細的繩子後，再一條條連起來的花招，用這條牛皮繩，他們一下就圍繞起一座海邊小山，劃出一座城邦的世界了！

亞爾巴斯弄巧成拙，被迫做了這樁賠本買賣。艾麗莎的城邦就這樣誕生了，她宣布這座城邦名叫「迦太基」（Carthage），在腓尼基語中的意思是「新的城市」。而那座被牛皮繩圍起來的小山就是後來迦太基城的核心區，它被稱為比爾薩（Byrsa）衛城，「比爾薩」的意思是「牛皮」。

按照神話傳說的故事安排，壞人總是要活動一下的。

迦太基建立後，吸引了大量推羅海外城邦的移民，腓尼基人從地中海各處向這個新興之城湧來。隨著定居人口愈來愈多，城邦愈來愈富裕，顯然這個牛皮之城將長久存在下去了。亞爾巴斯的憤恨與日俱增，最後想出個奪回土地的無賴招數。利比亞使者在迦太基元老院元老面前宣布了國王的口信：「我希望與迦太基女王艾麗莎結婚，如果她拒絕的話，就意味著迦太基與利比亞之間會發生一場戰爭！」立足未穩的迦太基如果陷入戰火，其後果不言自明。

正當元老們猶豫著是否要向艾麗莎彙報這一讓人左右為難的消息時，聽聞利比亞使者來訪的女王要求元老院向自己如實彙報。艾麗莎猜測到亞爾巴斯一定提出了某種無理要求，便以王者氣度吩咐元老們，不要對無情的命運採取迴避態度，如果你們要做出的犧牲有利於國家。

艾麗莎這樣一說，元老們趁機將皮球一腳踢給了女王：「陛下，要面對無情的命運的正是您啊，現在您需要嫁給亞爾巴斯，如果您拒絕，利比亞軍隊轉眼間就將摧毀我們這座牛皮之城了……」這下艾麗莎傻眼了，原來需要做出犧牲的竟然是她自己！她被自己的豪言壯語逼入牆角，別無選擇，只能答應自己人民的請求。

亞爾巴斯大喜過望，立即率領侍從帶著聘禮前來迎親，但艾麗莎卻下令架起一座高高的柴堆，她說自己要用向美刻爾獻祭的儀式來撫慰前夫阿克爾巴斯的靈魂。就在利比亞和腓尼基人的見證下，熊熊火焰在柴堆下點燃了。艾麗莎忽然爬上柴堆頂端，這位美麗的女王在一片驚呼聲中面對自己的人民宣布：「我現在將如你們所希望的那樣去見我的丈夫了！」

一六三七年法國畫家波登·巴斯蒂安繪製的《狄多（艾麗莎）之死》。

說完這句話之後，艾麗莎旋即用短劍刺入自己心臟，熊熊火焰吞沒了女王……

這就是迦太基充滿了傳奇性的建城故事，艾麗莎在自己的逃亡和迦太基建城過程中的詭計多端，無疑是希臘與羅馬傳統道德中誠實這一概念的反例，而她自己被元老院出賣和寧願自殺也不願履行婚約，更是顯示出迦太基統治者和人民之間的相互背叛。

艾麗莎的傳說，來自西元前三世紀時，位於陶爾米納（Taormina）的希臘學者蒂邁歐（Timaeus）的著作，在西元前一世紀時由羅馬歷史學家龐培・特羅古斯（Gnaeus Pompeius Trogu）發現並傳揚開來，怎樣看都是醜化迦太基敵人們的宣傳。

在西元二世紀時，曾有一位醉心於研究腓尼基史的學者「比布魯斯的斐羅（Philo）」，這位很可能帶有腓尼基血統的羅馬公民，記載了古代推羅國王瑪坦一世於西元前八二〇年將王位傳給十一歲的兒子畢馬龍，六年後畢馬龍的姐姐艾麗莎出逃並建立了迦太基。而現代考古也確實在迦太基官員亞達・米勒克的墳墓中，發現了刻有畢馬龍國王和阿斯塔蒂女神名字的金質垂飾。這就引起了現代迦太基研究者的無盡聯想。推羅是否真的曾發生姐弟爭位的政治鬥爭，而逐漸長大的畢馬龍，用了各種方式將自己的反對者們禮送出境，最終促成了迦太基的建立？

這一激勵人心的發現曾經引爆相關領域的討論，直到有證據顯示亞達・米勒克的墳墓建於西元前六世紀末，才澆熄了大家的熱情，因為在這個發現之下，畢馬龍和艾麗莎之間很可能相差三百多年呢！

而生活在西元二世紀，曾記載了瑪坦一世傳位給畢馬龍的斐羅先生似乎也不是很可靠，在他留下的手稿上寫著他的發現原來並不是源於古代腓尼基文獻，而是從古代希臘著作中發現了這個故事。轉了一大圈，又回到西元前三世紀時的那位陶爾米納的蒂邁歐身上了……

有學者分析，艾麗莎的故事可能源於比爾薩衛城所依託的比爾薩山，這座位於迦太基城中心點的山丘，既然名叫牛皮，那麼這個古怪的名字一定激發了迦太基人和希臘人的無窮想像力。有鑑於迦太基建城初期二百餘年間的記錄模糊不清，很可能是後期的迦太基人想像出了艾麗莎與牛皮的建城傳說，後來又經過希臘人的添油加醋後傳播開來。雖然艾麗莎與牛皮的故事無據可考，但迦太基與推羅的關係卻是有真切的證據。

西元前四世紀時，西西里島上的希臘歷史學家菲利斯托斯（Philistus）記錄下的迦太基建城史中，將率領第一批移民抵達的領袖稱之為推羅人阿佐羅斯和卡爾塞頓。雖然目前並沒有找到這兩位建城領袖的墓葬，但在迦太基遺跡中發現的大量碑文，均提及迦太基中的貴族是「推羅之子」或直接自稱為「推羅人」。很顯然，即使迦太基後來混雜了大量異族血統，但擁

迦太基古城復原圖。

有母城血統的貴族依舊會以表明自己的推羅後裔身分來彰顯社會地位。推羅的傳統文化對日後的迦太基文明影響深遠，雖然日後的迦太基居民來自整個腓尼基世界以及利比亞等北非地區移民，但在這種大混血的移民世界中，依舊保持著對美刻爾、阿斯塔蒂等傳統腓尼基神靈的膜拜。

一直到推羅陷落之前，迦太基每年都有派遣貴族朝拜代表團回訪母國的傳統。保護朝拜者的迦太基小艦隊經歷一段漫長的東行之旅抵達推羅，將迦太基年收入的十分之一上繳給美刻爾神廟，這是迦太基人反哺自己衰落了的故鄉的方式。

迦太基崛起

西方有句俗話說：「羅馬不是一日建成的」，但這句話在迦太基卻不成立。這座城市雖然不像神話故事中說的那樣，是在一夜之間出現的，但無論是迦太基人還是希臘人，都記載了這座城市的發展速度極快，令人驚歎。

考古發現這座在腓尼基語中發音為「加特・黑達斯特」的嶄新城市，以一日千里的速度在短時間內崛起，它矗立在從黎凡特到西班牙的東西航線，和從它到第勒尼安海（Tyrrhenian Sea）殖民地的南北航線交會點上。得天獨厚的戰略位置，使得迦太基成為聯繫其他腓尼基殖民地的商業樞紐，海上商路將它與腓尼基海岸、西西里、薩丁尼亞、義大利本土、希臘大陸和愛琴海地區緊密連接起來。在西元前八世紀時，它已成為地中海世界的貿易中心，吸引著不同種族的移民前來定居，換句話來說，迦太基是一個小心翼翼保持著推羅傳統制度的多民族國度。

迦太基創建後的頭兩個世紀裡，由於領土狹小，以至於不得不從幾乎整個環地中海世界進口糧食。人們在迦太基早期遺址中發掘出了存放在雙耳細頸橢圓形陶罐中的糧食，這些糧食分別自西班牙、義大利、西西里、希臘、愛琴海和黎凡特地區進口。除了糧食不能自給以外，迦太基也缺乏手工業所需的原材料，這同樣是因腹地面積有限導致的。自西元前七世紀時開始，隨著迦太基成為主要的糧食和原材料消費地，地中海中部的其他腓尼基殖民地逐漸演變成迦太基所需原材料的供應地，並逐漸轉化為被迦太基控制的「子公司」型城邦。

歷史學家在傳統上認為，迦太基初創時期因為本土狹小而大肆擴張海外殖民地，但這種狀況很快出現了改變：迦太基在北非開拓了大塊領土，人口急劇膨脹的迦太基人透過建立大量要塞和定居點的方式，將自己的領土擴展到肥沃的邁傑爾達河（Medjerda）山谷和卡本半島（Cape Bon，又名邦角，今突尼西亞東北部）以外的地方。這有可能是迦太基對利比亞土著統治者發動戰爭後奪取的地盤，但更有可能是精明的迦太基人透過與當地首領結盟的方式而獲得的領地。在迦太基法律中有一個專有名詞叫作「西頓人的權利」，或簡稱為「西頓人」。這一稱謂並非用來稱呼傳統腓尼基城邦的西頓市民，而是對在迦太基領土內擁有一定公民權利的外國人與獲釋奴隸的稱呼。這便解釋了迦太基的領土和人口急劇膨脹的原因。

根據希臘人的記載，繁榮時期的迦太基城是一座精心設防的商業都市，除了沒有島城之外，布局顯然受到母國推羅的很大影響：依海而建，城牆周長三十五公里，高度超過十二公尺，厚度超過九公尺。依山而建的比爾薩衛城核心區域周長三公里。與推羅一樣，迦太基城擁有兩個港口，其中外港供商船使用，內港則是能容納數百艘戰艦的軍港。除了港口之外，臨海處還建有一座巨型瞭望塔，指揮海上交通和海戰。

城中的沿海平原上，密密麻麻地分布著網格狀住宅群，這些住宅大部分是用曬乾的泥磚與木材改成的多層建築，街道上有水井、花園和廣場，整座城市規畫得整齊有序，體現出國際大都市的氣魄。在鼎盛時期，迦太基的居民由四十萬自由民和三十萬奴隸組成。作為推羅的後裔，無論是在人口、面積還是國力上，迦太基都遠遠超越了自己的母親。

迦太基沒有國王，最高行政長官是兩位「蘇菲特」（Sufets），每年從富有的貴族公民中選舉產生。迦太基的政治實權掌握在元老院手裡，元老院在初期由一百人組成，後期發展到三百人。城中還有一個由一〇四名法官組成的高等法院，處理各種複雜的民事和刑事訴訟官司。普通迦太基公民可以參與國家大事的討論，但沒有決策權。希臘人認為在執政官蘇菲特制度固定之前，迦太基處於國王統治之下，但這是對早期迦太基的商業家族寡頭政治體制的誤讀。在介紹腓尼基早期擴張歷史時，我們曾提及的「商業親王」或「海上親王」的商業家族領袖們在迦太基被稱為「布魯姆」，迦太基在初建時期正是由這個祕密貴族團體所統治，他們控制著司法、政府、宗教和軍事機關。

在布魯姆權力架構頂端，有一個家族凌駕於其他家族之上，他們憑藉自己的財富和權力獨攬了軍隊的控制權。目前已知從西元前六世紀到西元前四世紀控制迦太基的超級家族是馬戈尼德（Magonid）家族，他們被希臘學者們視為迦太基的王族。

馬戈尼德家族雖然擁有帝王般的權力，卻不能世襲執政官的職位，布魯姆成員的權力都需要由元老院來分配。從這種權力結構來看，艾麗莎的傳說似乎是迦太基貴族菁英為自己的貴族共和制度辯護而製造的宣傳工具，她無嗣而終的結局，不僅讓其他出身較低的迦太基菁英上台得以合法化，也杜絕了其後任何獨裁勢力世襲交替的可能性。雖然迦太基城後來遭到了徹底毀滅，不過幸運的是，我們能夠透過其他腓尼基城鎮的遺跡，來推演它當初的繁榮盛況。

來自羅馬的毀滅者登陸北非之後，幾乎消滅了所有的迦太基城鎮。幸運的是，在卡本半島上有個迦太基殖民地——科克瓦尼（Kerkouane）古城，它與其他迦太基城鎮比起來規模太小，以至於羅馬人將其摧毀之後都懶得重建。最終，沙丘緩慢地將其掩蓋，為今天的研究者保留了一扇走進迦太基人生活的珍貴時間之門。科克瓦尼這個名字是現代考古學家取的，我們可能永遠也無法得知建立這座小城的迦太基人是如何稱呼它的。這個小城靠近海岸卻無海港，水資源豐富卻含鹽量極高，周邊的土地也太過貧瘠，由此可知為什麼羅馬人懶得重建此地了。

沙丘下的時間凝結在西元前三世紀初，科克瓦尼即將被夷平之前，這個小城當時可能擁有一千兩百人左右的居民，居民主要從事製鹽、捕魚、手工藝製造等工作。在遺址中還出土了大量廢棄的骨螺，這表明迦太基人也沒忘記源自腓尼基祖先的古老傳統手藝：製作紫色染料。

這座小鎮面積不大，依據環境被規劃成不規則的方格形布局。在寬闊的鎮內道路兩側是各種民居建築，那些帶有列柱迴廊的庭院和粉刷過灰泥的華麗牆壁，顯然受到希臘風格的巨大影響。小鎮中核心的公共區域是供奉美刻爾和他的兒子錫德，以及坦尼特（Tanit）女神的神廟。神廟入口處矗立著一根根雄偉的半露方柱，穿過巨大庭院的門廊，可以抵達前半部分的祭壇和後半部分的宴會區，一道矮牆將神聖和世俗分隔開來。我們透過科克瓦尼的建築殘骸可以得知，迦太基人以長方體石塊砌築起牆壁的兩側，牆體空隙填充碎磚石使其更加堅固。迦太基人的住宅圍繞中心庭院建造，大部分住宅都擁有數個房間和一個頂層露台，其中主人臥室內部的牆上，會修建內置的食櫥和櫃櫥，廚房則帶有內嵌的麵包爐。

毫無疑問，科克瓦尼只能稱得上迦太基的三線城市，但這個「窮鄉僻壤」的居民依舊能享用到種類豐富的食物。每當地中海燦爛的陽光照亮大地時，小鎮上空便升起嫋嫋炊煙，伴隨著人聲喧囂，手腳俐落的女人們將前一天夜裡揉好的麵團放進烤爐，然後精細可口的小麥麵包、較為粗糲的大麥麵包，還有其他穀物煮成的粥紛紛被端上餐桌。除了主食以外，迦太基人的餐桌上也少不了多樣的蔬菜和小扁豆等豆類食品，以及魚和其他海產品。除此之外，還有綿羊肉、山羊肉、豬肉和雞肉做成的葷菜，烹調手法以在橄欖油中煎炸或烤為主。

飯菜擺上桌之後，當然還得準備一些解渴的飲料。迦太基人很喜愛葡萄酒，當然，家境一般的也可以選擇啤酒。迦太基的葡萄酒產量極為可觀，其中一種用曬乾的葡萄製成的甜酒尤為馳名。迦太基人將葡萄酒和橄欖油都裝進雙耳細頸橢圓陶罐裡，這種標誌性的容器曾經遍及整個西地中海地區。除了酒類以外，餐桌上還擺著石榴（又被羅馬人稱為「迦太基蘋果」）、無花果、葡萄、橄欖、桃子、李子、西瓜之類的水果，以及杏仁和開心果之類的堅果。當主人一家吃飯的時候，家犬就在桌子周圍起勁地搖著尾巴，但牠們恐怕不能理解自己也被納入了食譜之中——迦太基人會毫不猶豫地吃下香噴噴的狗肉。

最讓考古學者驚訝的是，迦太基人非常愛洗澡，因為洗澡是腓尼基宗教傳統中重要的淨化儀式。在科克瓦尼的民居中，靠近門廊的地方（這裡距離街道近，便於供水排水），普遍都修建了室內浴室。科克瓦尼的浴室設計精巧，陶質浴盆被放置在浴室中央，周圍是階梯形的座位和扶手，所有設施表面均有防水塗層。考究一些的浴室還擁有獨立更衣室和盥洗室，可謂早期乾濕分離式設計的典範。

那麼，在科克瓦尼還「活著」的歲月中，生活在這裡的究竟是什麼樣的居民呢？僅從神廟中的銘文或出土的腓尼基文字記錄來看，這是一個擁有純正血統的迦太基小鎮。人們住在迦太基風格的房子裡，崇拜傳統的腓尼基神靈，按照迦太基人的方式生活。當羅馬人抵達之時，小鎮中的居民毫無疑問遭遇到了滅頂之災。幸而羅馬軍隊沒有搗毀小鎮周圍的墳墓，於是歷史學家再一次讓昔日的先民透過墳墓說話，述說了迦太基小鎮居民的故事。

札比克是小鎮上的一位鑄造工匠，他的手藝精湛，是金屬精煉方面的大師。他活著的時候，在鎮上的工坊裡工作，說著迦太基語言，吃著迦太基的飯菜，遇到困難時，向美刻爾、坦尼特以及巴力祈禱，除了名字不是迦太基式命名以外，他的一切生活都與一個普通迦太基人一模一樣。

這一切一直持續到他去世為止，在入土為安的那一刻，他以胎兒般的蜷縮姿勢被埋葬。這是出於對他所出身的種族文化的尊重，因為他是一個地地道道的利比亞人。除此之外，在札比克的墳墓中還發現了利比亞人殯葬儀式中所使用的紅赭石的痕跡，這一切都顯露出濃濃的利比亞本土文化色彩。

除了各民族在此處融合之外，出土的文物也表明該地雖然沒有海港，卻依舊身處於地中海國際貿易網路之中。因為在這個不起眼的小鎮墳墓中，人們找到了自雅典進口的黑彩陶質酒壺和酒杯，酒壺上繪有英雄奧德修斯（Odysseus）從獨眼巨人波利菲莫斯（Polyphemos）的山洞中出逃的故事，顯然很受主人的喜愛才會作為隨葬品被帶到地下。

現在讓我們將目光從科克瓦尼轉回到迦太基城外。

拜獨特的地理位置所賜，迦太基人享受著長久的和平時光。除了屈指可數的幾次奴隸和雇傭軍起義之外，戰爭在迦太基人的生活中是專屬於「海外新聞」的範疇。自迦太基城向北非內陸前進的道路兩側布滿縱橫交錯的水渠，這些水渠的源頭是沿途的泉水和運河，清澈的淡水澆灌著鄉村中繽紛的花園和富饒的果園。

從西元前六世紀下半葉起，迦太基的食物就大多來自於自己直接統治的北非領土。那片土地上田地縱橫交錯，農田之間密布著藤本植物、橄欖樹和大量果樹，成群的牛羊在鄉間道路兩側平原上吃草，沼澤地附近的牧場中則有大群的馬匹。道路兩側多半都栽種酸橙樹，從樹叢缺口處往裡走，便能見到一座座造型精美、毫不設防的鄉村房屋。迦太基人的房屋昭示著主人的財富地位和盡情享受美好生活的人生態度，房間裡擺滿了各種娛樂器具和華美家具，家家戶戶都儲藏著豐富的生活物資。

看到這裡，懂得門道的讀者可能會覺得奇怪？酸橙樹的果實並不好吃，為何會成為迦太基人普遍栽種的樹木呢？在這裡我們要回溯一下曾在第一節中提及的羅馬元老院眼中的珍寶：迦太基人馬戈撰寫的農業名著。正是馬戈掀起的農業技術革命，大大改善了迦太基的糧食生產狀況，而酸橙樹則被廣泛用作果樹嫁接的砧木，所以才會被大量栽種。馬戈並非只研發出了果樹嫁接技術，這位偉大的農業學家在林木、水果栽培以及畜牧業方面都做出了極大貢獻。早在迦太基興盛時期，他關於使用肥料和必須定期剪枝的理論知識，就已經被希臘和羅馬人反覆引用，奉為經典。

考古人員在迦太基城商業港口附近挖掘出的一條西元前四世紀中期淤塞的古水渠中，找到了大量的葡萄、橄欖、桃子、李子、西瓜以及杏仁、榛子和無花果等植物的種子，這裡面有一些必須使用嫁接等複雜園藝技術才能成長的水果，這是馬戈等迦太基學者在人類科學史上做出貢獻的鐵證。讓迦太基農業領先發展的，除了種植技術之外，大量的專用農業工具也功不可沒。在希臘人留下的記載中，能看出他們對迦太基手推車、迦太基脫粒機等結構簡單、效率高超的器械無比羨慕，感歎為何希臘人無法設計出與之媲美的產品。

到西元前六世紀時，迦太基已建立起控制了北非西部沿海、西班牙南部、撒丁島、科西嘉島和西西里島西部的商業帝國，成為地中海西部的霸主。而在農業技術的支持下，迦太基還躋身農業強國之列。充足的糧食供應支撐著迦太基人在非洲地區的進一步擴張，今天突尼西亞蘇塞（Sousse）及蘇法克斯（Sfax）地區、肥沃的薩赫勒（Sahel），以及利比亞西北部的大瑟提斯（Syrtis Major Planum），都被它併入版圖。這個神奇國家的崛起看似十分順利，但此後即將在地中海上遭遇命中註定的敵手……

迦太基的崛起與推羅的衰落密不可分。從西元前六世紀初開始，由推羅控制的傳統的西班牙、腓尼基、近東諸國之間的白銀貿易遭到嚴重打擊，供過於求導致銀價暴跌，南部海岸的眾多小型貿易據點面臨滅頂之災，無法獲取利潤的腓尼基商人只得拋棄這些據點登船而去。尤其是在西元前五七三年，被封鎖圍困十三年之後，推羅終於向巴比倫國王尼布甲尼撒投降，從而喪失了實質意義上的獨立國家地位，也失去了對海外殖民地的控制能力。

但就在推羅歷經苦難之時，恰好也是迦太基的黃金機遇期，它身在北非，地理位置絕佳，不必受東方強國威脅，迅速取代推羅成為地中海上的商業霸主。在腓尼基海岸城邦迫於亞述、波斯等宗主國的政治壓力，從而放棄與埃及的商業關係時，迦太基趁機占領了被母邦放棄的傳統海外市場。在不受任何限制的國際貿易中獲取滾滾利潤的同時，迦太基不斷鼓勵那些貧困的人和持不同政見者離開北非去開闢新的殖民地，這是它解決內部矛盾卓有成效的手段。

隨著迦太基對外殖民的腳步加快，行事風格也愈來愈像一個帝國。尤其此時正值推羅等傳統腓尼基強國的衰落期，地中海世界中的腓尼基城邦都指望著迦太基能夠代替推羅，成為自己的保護者。隨著時間推移，這些城邦漸漸成為隸屬於迦太基帝國的領地。迦太基透過授予這些腓尼基城邦上層人物以迦太基公民資格的方法進行籠絡和控制。雖然這些領地享有一定的自治權，但來自迦太基城的指令，也開始干涉城邦內部的細部事務。

迦太基人也積極將自己的宗教傳播到各個殖民地，透過將源自腓尼基神話的某位神靈，解釋為土著民族對應神靈的方法，積極推動腓尼基文化以同化當地民族。例如在對薩丁尼亞島上的努拉吉人（Nuraghi）同時進行的商業和文化滲透中，迦太基的商品摧毀了土著手工業，迦太基神靈與土著神靈融合，經過一百年的時間，古努拉吉文明就逐漸消失了。

迦太基對薩丁尼亞的滲透有特殊的戰略目的，據亞里斯多德記載，迦太基人逼迫薩丁尼亞居民砍掉所有的果樹，以免果園擠占這個海島上的耕地。這是因為雖然迦太基在北非的領地農業發達，但糧食還是要依靠薩丁尼亞島。西元前五世紀至西元前四世紀之間，薩丁尼亞島獨特的「麻袋」形和「魚雷」形雙耳細頸橢圓陶罐滿盛著葡萄酒、橄欖油、穀物、醃肉、鹹魚和食鹽，越過地中海被運抵迦太基城，可以說這座島嶼是關係到迦太基未來的主要糧食產區。

推羅的衰落不僅便宜了迦太基，同樣也給老冤家希臘人可乘之機。希臘殖民者在地中海世界快速推進，終於開始與迦太基爭霸。推動希臘與迦太基之爭的催化劑是，波斯帝國在小亞細亞的擴張行為。在波斯兵鋒威脅下的希臘城邦紛紛西遷躲避，結果源自小亞細亞的希臘城邦佛西亞率先於西元前五六〇年登上科西嘉島，控制了阿拉利亞（即科西嘉島）殖民地。

據說，普里耶涅城邦（Priene）的大學者畢阿斯（Bias）曾做出如下建議：「我看薩丁尼亞島挺不賴，咱們希臘人應該集體移民到那裡去過好日子！」畢阿斯是古希臘七賢之一，他曾經用計策拯救過自己的城邦，又是著名的辯論家，他的建議自然激起了希臘人的回應，於是希臘人又開始注意這個海島。希臘人在薩丁尼亞和科西嘉這兩個島嶼上勢力的擴大，無疑直接威脅到了傳統的腓尼基貿易路線。尤其是希臘人登上薩丁尼亞島的行為，更是直接刺激到迦太基統治者，如果讓你們希臘人滲透進來，我們未來的帝國糧倉計畫還能執行嗎？

於是，在西元前五三五年，佛西亞艦隊與打上門來的迦太基艦隊在科西嘉大戰一場。後世的希臘學者宣稱，佛西亞艦隊贏得了這場海戰的勝利，但從希臘人匆匆放棄阿拉利亞殖民地，並且從此再也不涉足科西嘉和薩丁尼亞兩島這一點來看，顯然被修理得不輕……

不久之後，佛西亞的殖民地馬薩利亞（Marselha，今日的馬賽）在另一場與迦太基的海戰中扳回一城，算是為希臘人挽回了顏面。雙方戰後訂立了一個和平條約，以西班牙東南端的納奧角劃分雙方勢力範圍。此後雙方相安無事了一段時間，直到數十年後，迦太基與希臘之間才重燃戰火，這次的衝突地點是西西里島。

西西里島位於義大利半島的西南，面積為兩萬五千平方公里，是地中海中面積最大的島。這座島上不僅有歐洲最大、最活躍的埃特納火山（Mount Etna），更是農業發達人口密集的富饒之地。火山灰滋養了麥田、菜園和葡萄園，並且讓甜橙、橄欖和檸檬等果樹茁壯生長。西西里西海岸盛產沙丁魚和金槍魚，還有硫磺礦和鹽場。更重要的是，這裡是靠近義大利本土最近的大型島嶼，從某種意義上來說，控制了這裡，就擁有了地中海的制海權。

希臘人移民西西里島始於西元前八世紀，不過當科林斯移民登上島嶼時，遇到了西元前十二世紀便在此殖民的腓尼基人。結果腓尼基人不是洶湧而來的希臘人的對手，逐漸被擠到西西里島西北部苟延殘喘。科林斯人建立的敘拉古則成為西西里希臘城邦的鼻祖，控制著整座島嶼上條件最好的港口。敘拉古港口被深入大海的奧提尼亞半島分為兩部分，西南部稱大港，東北部稱小港，這個港口是地中海上重要的貿易集散地。到西元前五世紀以後，以敘拉古為首的西西里希臘城邦勢力成為希臘世界三大霸權（雅典、斯巴達、西西里）之一。

就在希臘人控制西西里的同時，迦太基人也將目光轉向這個具有戰略意義的島嶼。在執政的馬戈尼德家族領袖哈米爾卡（Hamilcar Barca）主導下，迦太基艦隊強行收編了島上的腓尼基城邦，並以此為陣地，準備爭奪西西里的霸權。哈米爾卡對西西里感興趣有著私人原因：他母親是敘拉古的希臘人，因此這位迦太基的統治者其實是半個希臘人。哈米爾卡看似胸有成竹，但很快踢到了鐵板。

就在哈米爾卡覬覦西西里時，此處最強大的希臘城邦敘拉古正處於「僭主」格隆（Gelon）統治之下。所謂「僭主」是一腳踢開貴族共和制度，靠政變上位的狠角色。僭主並不是國王，卻擁有國王的權力，他們通常謙虛地自稱為「終身執政官」或「全權將軍」之類，但「軍閥」這個職業稱呼似乎更適合他們，至少非常適合格隆大人。

格隆是個騎兵將領出身的軍閥，上台後大肆招收雇傭兵，對西西里島上的希臘城邦發動了一連串的兼併戰爭，使自己成為島上希臘勢力的共主。格隆的勢力之大，從一個例證便可見一斑：當波斯入侵希臘本土時，無論是雅典人還是斯巴達人都在第一時間向格隆寄來求援信。格隆則拍著胸脯答應派遣一支艦隊援救自己的同胞，但這支艦隊就像迴旋鏢一樣，從沒真正抵達過戰場。顯然格隆大人對做「炮灰」這件事並不感興趣。

就在格隆如日中天之際，西西里島上依然有些希臘同胞居然不肯臣服，島嶼北部的城邦希梅拉（Himera）就是這樣的一個尖刺。在西元前四八三年，敘拉古的大軍終於兵臨城下，希梅拉的統治者提里盧斯只好立刻跑路。提里盧斯與迦太基的領袖哈米爾卡是多年的好友，他請求朋友為自己出頭。這個情況對哈米爾卡來說真是瞌睡時遞來的枕頭，他可以藉機名正言順地介入希臘內戰了。很快，一支由兩百條戰艦組成的迦太基遠征軍自北非向西西里駛來，有意思的是，這支艦隊並不是由迦太基國家派出的，而是由哈米爾卡自掏腰包組建的，當然，獲勝後的所有榮譽和收益也都將歸於他。

哈米爾卡的大軍中不僅有迦太基人，還有大量來自利比亞、西班牙、西西里和科西嘉等地中海中部和西部諸地區的雇傭軍，其中有很多希臘人。他們出發之後還得到了提里盧斯的女婿安那西拉斯所率領的援軍支援，這支軍隊來自安那西拉斯所統治的義大利南部城邦利基翁（Rhegium）。

西元前四八〇年，迦太基大軍抵達西西里。

自幼熟讀兵書的哈米爾卡聽說格隆正在希梅拉城的消息後，立即決定揮軍疾進，直搗黃龍。在他看來，只要將格隆拿下，西西里島上的希臘城邦就會望風歸順。但性急的哈米爾卡先生行事毛躁，他還沒拿下格隆呢，自己向盟友派出的信使倒先被敘拉古人給拿下了。這下這場戰爭就變成了鬧劇，迦太基軍隊在希梅拉城下遭到屠殺，連哈米爾卡本人也丟了性命，最後只剩下寥寥數名倖存者逃回迦太基城報信……

根據希臘作家狄奧多羅斯（Diodorus Siculus）的記載，希梅拉之敗令迦太基人魂飛魄散，生怕敘拉古大軍會乘勝渡海而來。這些商人立刻派出最能言善辯的特使奔赴西西里，首先拜訪了格隆的妻子達馬雷特，借枕頭風讓格隆接受了迦太基的議和請求。

格隆接受議和並非為了和平，而是因為這位勝利者正處在希臘世界輿論的風口浪尖之上。就在哈米爾卡狼狽送命之後不久，就發生了前文所述的波斯入侵希臘，格隆拒絕救援的事件。因為敘拉古那迴旋鏢一般的艦隊，整個希臘世界的男女老少都站出來指責他：

在波斯入侵咱希臘的時候，是誰趁火打劫要當整個希臘的統帥才肯出兵的？

是誰拍著胸脯說艦隊已經出發，結果在海上繞了一圈就回港的？

是誰派使者帶著三條船的黃金在希臘沿海坐山觀虎鬥，打算等波斯人一獲勝就立刻獻上黃金的？

都是格隆！

就在即將身敗名裂的時候，格隆覺得如果將自己包裝成擊敗非洲蠻族，保衛西西里的希臘民族英雄，豈不是能大大受到愛戴？這時候一份迦太基遞交的求和協議就非常有用了。基於以上原因，後世的希臘傳說中，關於格隆接見迦太基使團的場景便成為一場經典的英雄王凱旋儀式：格隆大人在王座上正襟危坐，嚴肅注視著淚眼婆娑的迦太基使者。當這些狡詐卑鄙的北非蠻族乞求格隆對他們的城邦高抬貴手時，格隆大人仁慈地饒恕了他們⋯⋯

這場勝利不僅為格隆及其盟友帶來了豐厚的物質財富，還有大量淪為奴隸的迦太基戰俘，成為希臘城邦興建宏大公共工程的免費勞動力。西西里的希臘人得意揚揚地在獻給奧林匹斯諸神的神廟圓柱上，專門刻上迦太基奴隸的浮雕作為紀念。當西西里之外的希臘世界正在歡慶抵禦波斯侵略所取得的輝煌勝利時，光榮無疑應屬於雅典和斯巴達領導下的希臘同盟。但格隆的御用文人們卻趁機發起了宣傳攻勢，敘拉古重金聘請的吹捧者們，硬生生編造出一個抵禦波斯人盟友迦太基侵略者的「西部前線」概念，而在這一前線取得大捷的自然是西西里的希臘英雄格隆。既然敘拉古與迦太基人的作戰是為了掩護希臘世界的西部邊界，那麼雅典和斯巴達人怎麼還好意思指責格隆不拔刀相助呢？

接下來的數十年間，格隆利用他巨額的財富讓希梅拉大捷的故事傳遍整個希臘世界。紀念這位救世主的紀念碑被豎立在古希臘奧林匹斯聖山之巔，好讓諸神見證他們偉大兒子的功績。大詩人品達（Pindar）在奧林匹克運動會上高聲朗誦獻給格隆的詩篇，全然不顧雅典和斯巴達運動員鐵青的臉色：

> 他將腓尼基人從輕捷如飛的戰艦上丟進大海！
> 他讓希臘人擺脫了淪為異邦奴隸的殘酷命運！

這場宣傳戰獲得了非同凡響的成功，甚至二百多年後的希羅多德都相信了格隆那幫御用文人的鬼話。但雅典人始終對此耿耿於懷，以亞里斯多德為代表的知識分子們拒絕將迦太基人視為波斯幫凶，甚至還廣為讚頌迦太基的政體。在亞里斯多德眼中，迦太基、斯巴達和克里特都是擁有優秀政治體系的理想城邦。他發表演說，讚頌迦太基人賢明的體制保證了不會產生暴君，這毫無疑問是在暗諷敘拉古的獨裁者格隆大人。

事實上，雅典是迦太基的長期商業夥伴。尤其是在希梅拉戰役之後，雅典人更是試圖與迦太基結盟以對抗敘拉古。這種態度使得迦太基人與希臘及廣大愛琴海地區的貿易關係不但沒有因為戰爭而削弱，反而得到了大大加強。

但統治迦太基的馬戈尼德家族非常謹慎地拒絕了雅典人的誘人邀請，雖然格隆去世後，西西里的希臘各方勢力重新陷入內亂之中，但雅典後來遠征失敗，卻證明了迦太基統治者的先見之明。就這樣，時間靜靜過去了七十年之久。終於，迦太基艦隊的帆影再度出現在西西里近海。

此時統治迦太基的是漢尼拔，他正是當年希梅拉戰役中那位倒楣的哈米爾卡之孫。漢尼拔巧妙地利用了西西里島上的兩個希臘城邦塞傑斯塔（Segesta）和歇利倫特之間的內鬥，先說服元老院同意援助與迦太基結盟的希臘城邦塞傑斯塔，又狡猾地派使者請求敘拉古調停塞傑斯塔和歇利倫特的戰爭。當歇利倫特拒絕了盟友敘拉古的和平建議後，自尊心受傷的敘拉古統治者，便決定不再管不知死活的歇利倫特了。

西元前四〇九年，由六十艘戰艦組成的迦太基艦隊抵達西西里島。漢尼拔率領迦太基和伊比利亞雇傭軍組成的聯軍，攜帶一千六百輛戰車以及巨型攻城塔、攻城槌、投石器等大型器械渡海而來。失去敘拉古支援的歇利倫特市民很清楚戰敗後將面臨的悲慘結局。按當時的交戰規則，要麼遭屠城，要麼被賣為奴隸。因此這些倔強的希臘人不分男女老幼一起上陣，拚死堅守了整整九天，在城中集市區的最後一場毫無意義的抵抗失敗之後，一萬六千名居民幾乎全部遇難。攻克歇利倫特之後，漢尼拔的下一個目標毫無意外地確定為希梅拉城，這才是他率軍而來的真正目標。

希梅拉人看到歇利倫特的結局之後決定以暴制暴，城中的青壯年在城牆上家屬的激勵聲中在城外列陣，主動向迦太基軍隊發起挑戰。在那一刻漢尼拔的心不由得緊了一下，畢竟他祖父曾葬送在這裡啊！但一經接觸，漢尼拔發現，這些希臘人雖然膽子大，戰鬥力卻很一般。

果不其然，希梅拉人被迦太基軍隊趕回了城內，他們的勇氣也隨即崩潰了。很多人乘坐盟友敘拉古人的船隻逃離，沒跑成的人勉強抵禦了兩天就投降了。這下漢尼拔開始盡情對這個被馬戈尼德家族詛咒了七十年的城市展開了報復：他先將整座城市的神廟洗劫一空，隨即將所有建築都夷為平地，最後在哈米爾卡戰死的地方屠殺了三千名希臘戰俘來祭奠自己的祖父。在這之後，整個西西里島上的希臘人聞風喪膽，連狂傲的霸主敘拉古都因迦太基人的戰鬥力暗自心驚。但漢尼拔接下來並沒有揮軍征服整個島嶼，而是付清軍餉後直接打道回府了……

雖然漢尼拔的這次進軍顯得虎頭蛇尾，但他不僅為自己的家族復了仇，還在迦太基經濟史上首開鑄造貨幣的先河。漢尼拔為了支付給自己從北非招募來的雇傭軍軍餉而第一次鑄造了貨幣，這種貨幣上刻著馬和棕櫚樹圖案，並題有「迦太基軍政」的銘文。漢尼拔就地解散雇傭軍的做法，讓西西里變得更加危險，因為這些人為了生計，必將在西西里尋找雇主或是成為強盜和海盜。兩年後，漢尼拔再度率軍登陸西西里。這次他出征的原因是敘拉古統治者赫莫克拉提斯（Hermocrate）攻擊了西西里的迦太基城市。迦太基試圖聯合雅典一起行動，但正在與斯巴達爭霸的雅典雖然熱情接待了迦太基使者，卻沒辦法給予實質性援助。

漢尼拔在出發前組建了由迦太基公民士兵、北非盟友軍隊和雇傭兵組成的一支龐大軍隊，他在一位名叫哈米爾卡的年輕將領陪伴下動身。這次對手做出了積極的反應，迦太基人經過艱苦的海戰才得以突破敘拉古艦隊的攔截登陸。出人意料的是正當部隊開始圍攻最富裕的希臘城市阿克拉伽斯（Acragas）之時，漢尼拔居然因為感染瘟疫而一命嗚呼了……七十年前的悲劇看似就要重新上演，但這時統領軍隊的哈米爾卡可不是當年的那位哈米爾卡，他頂住敘拉古軍隊的猛攻，用計策嚇得阿克拉伽斯市民棄城而逃，然後不費吹灰之力就占領了這座堅固富裕的城市。

迦太基和敘拉古此後展開了一系列拉鋸戰，但戰鬥帶來的傷亡數遠遠不及瘟疫。西元前四〇五年，超過一半兵力因病而死的迦太基人向敘拉古人提出議和。敘拉古人此時也同樣被瘟疫折磨得奄奄一息，於是和平就這樣被催生出來。年輕的哈米爾卡在得到了敘拉古認可迦太基對西西里中部和西部的控制權的承諾後，趕緊離開了這個倒楣地方。

敘拉古在與迦太基這一回合的角力中暫時吃癟，引起了這個希臘霸主城邦內部一連串的政治動盪。混亂中，一個出身底層但極具煽動能力的年輕演說家登上了獨裁者的寶座，他就是大狄奧尼西奧斯（Dionysius I）。大狄奧尼西奧斯的野心與格隆不相上下，但做事的原則比格隆差了太多，很多為貴族階層所不屑的手段，在他這裡都成了為勝利而理所應當使出的招數。西元前三九七年，大狄奧尼西奧斯在得到迦太基本土正遭受瘟疫折磨的情報後，立刻召開了敘拉古公民大會。這位年輕的獨裁者竭力煽動起希臘人對腓尼基—迦太基人的種族仇恨，打出希臘民族解放的旗號。他義正詞嚴地命令迦太基必須立刻交出所控制的希臘城市，並且呼籲希臘各城邦沒收迦太基居民的財產並將他們驅逐出境。在大狄奧尼西奧斯的煽動下，全西西里的希臘城鎮和城市都忽然對自己的迦太基商業夥伴變了臉，並上演了駭人聽聞的搶劫和種族屠殺暴行。希臘人慣於安在腓尼基人身上的那些可怕傳說，如今卻被自己付諸實現。

然後，大狄奧尼西奧斯將幾乎所有希臘城邦都拉到自己旗下，他組建了西西里希臘聯軍來進攻島上的迦太基城邦，其中第一個倒楣的就是莫提亞。迦太基城完全沒有準備，倉促之間根本來不及組建陸軍去救援西西里的同胞，只能出動海軍襲擊敘拉古的港口進行牽制。莫提亞城在英勇抵抗後最終陷落，即便如此，城中的居民甚至在城牆被摧毀後，還築起街壘以巷戰抵抗。

敘拉古城遺址。

獲勝的希臘軍隊在城市中肆意屠殺，以至於痛心的大狄奧尼西奧斯不得不派出傳令官在城中四處呼喊，要迦太基人逃到神廟中避難。這位希臘民族解放英雄並非為迦太基人的命運而痛心，而是為自己的錢包而痛心，因為市民被屠殺得愈多，他所能販賣的奴隸就愈少。那些成功逃至神廟中的莫提亞市民成了奴隸，其他人則全部被殺死。最慘的是那些受雇為莫提亞城而戰的希臘雇傭兵，這些俘虜被狂怒的希臘同胞們釘死在十字架上，作為對他們「通敵」的懲罰。

莫提亞城被夷為平地之後，大狄奧尼西奧斯繼續蹂躪其他迦太基城邦。

西元前三九六年，哈米爾卡率領迦太基遠征軍登陸西西里展開復仇之戰。這位英勇的將軍攻占並完全摧毀了梅薩納城（Messana），並且將希臘聯軍打得節節敗退，一路推進到敘拉古城下，眼看希臘民族解放英雄大狄奧尼西奧斯大人就要徹底完蛋了。但是，這一次瘟神再度纏上了迦太基人，在日後大狄奧尼西奧斯自己書寫的回憶錄裡，留下了關於這場瘟疫的生動記錄：

瀆神的迦太基人紛紛染病，他們最初的症狀是喉嚨灼燒般腫脹疼痛，接著背部肌肉痠疼無比，四肢沉重得不能移動。很快地，痢疾症狀在迦太基軍營中蔓延，病人全身皮膚長滿了噁心的膿包，甚至還有些人變得瘋狂，完全失去了理性，他們揮舞著武器在軍營中來回奔走，襲擊遇到的每一個人……總而言之，這種疾病一旦發作就無可醫治，死神會在第五天或第六天時降臨，臨終前的病人要忍受巨大痛苦，以至於所有人都認為，能在戰場上倒下的人，運氣真好……

哈米爾卡發現自己陷入絕境之中，不得不祕密與大狄奧尼西奧斯協商停戰。大狄奧尼西奧斯讓迦太基軍隊付出一筆重金後，從自己的控制區溜走。但這份祕密協定是在敘拉古和迦太基士兵都不知情的情況下達成的，結果迦太基人撤退時遭到對此一無所知的敘拉古艦隊襲擊，只有哈米爾卡率領的少數幾艘船回到了迦太基，其餘被拋棄的士兵，基本都淪為敘拉古人的奴隸。

就在哈米爾卡的船隻掙扎著駛入港口時，整個城市的市民都聚集在岸邊等候。因為他這次遠征失敗，城中家家戴孝戶戶嚎哭。當岸上的迦太基人發現只有眼前這幾艘殘破戰艦上的倖存者得以生還時，家屬的慟哭聲和尖叫聲頓時響徹整條海岸線。哈米爾卡身穿奴隸服裝在神廟周圍到處走動，大聲控訴自己的罪責並祈求上天責罰，但迦太基人並不願意原諒這個失敗者，也不願意原諒他所出身的馬戈尼德家族。馬戈尼德家族對迦太基的統治權就此瓦解，因為他們的名字總是與海外遠征的失利聯繫在一起。

哈米爾卡後來在悔恨交加中絕食自殺，與此同時，漢諾（Hanno）家族崛起，取而代之。漢諾家族的首領是頭銜為「偉大的」的漢諾將軍，這位迦太基貴族的表現並不比哈米爾卡更高明。在他的指揮下，迦太基陷入與敘拉古的長期拉鋸戰中，直到西元前三七三年，兩國因無力繼續作戰才再度簽訂了一份停戰和約。但是，我們知道地中海世界的一切合約都是用來撕毀的……大狄奧尼西奧斯去世之後，敘拉古被自己的母國科林斯重新控制。科林斯派出代理人提莫里昂在敘拉古重建了民主制政府，並與眾多西西里的希臘城邦再度結成龐大的反迦太基同盟，重燃戰火。

西元前三四〇年夏季，迦太基派遣了一支由公民組成的大軍前往西西里作戰。這是迦太基最精銳的神聖兵團，這些富裕的士兵們配備了白色木製盾牌、銅和鐵製的重甲，以訓練有素而著稱，而且上陣之前，他們要以公民身分起誓決不放棄陣地逃跑。為了迎擊這支迦太基大軍，提莫里昂率領軍隊深入敵境，在克里麥沙河邊設伏。當迦太基軍隊開始渡河時，希臘騎兵從濃濃的晨霧中展開突襲。這時一場突如其來的冰雹幫助了希臘人，因為他們背對著冰雹落下的方向，而迦太基人則被迫面對冰雹和敵軍的雙重攻擊。於是迦太基人的防線很快就崩潰了，一萬名神聖兵團的戰士履行了自己的誓言，戰鬥到最後，另一萬名雇傭兵則選擇投降，成為奴隸。

克里麥沙河之戰是迦太基人在西西里戰場上遭受到最嚴重的打擊。不過迦太基人很快就重整旗鼓，利用希臘各城邦獨裁者對提莫里昂推行民主制度的不滿，拉攏了一些人起來，對敘拉古造反。迦太基出錢出人幫助這幫希臘人中的分裂分子，不過，他們不敢再派出大量的公民士兵，轉而使用以雇傭軍為主體的炮灰軍隊了。

西元前三三八年，敘拉古和迦太基再度簽署了一份合約。敘拉古承認西西里西部是迦太基人的勢力範圍，而迦太基人也不再支持那些造反的希臘城邦中的獨裁者。

敘拉古的賭局

到了西元前三二三年，就在整個地中海世界都在馬其頓的軍威下瑟瑟發抖時，那些暫時還未被征服的國度，紛紛向亞歷山大大帝所停留的巴比倫城派出使節。這裡面有來自義大利的布魯蒂亞人（Bruttia）、盧卡尼亞人（Lucania）和伊特魯里亞人（Etruria），來自北方地區的凱爾特人（Celt）和西徐亞人（Scythia），來自遠東地區的伊比利亞人以及來自非洲腹地的努比亞人，以及來自北非的迦太基人。

大家希望能與亞歷山大建立起良好的外交關係，摸清他的未來意圖，其中尤以迦太基使者哈米爾卡．羅達努斯的心情最為複雜。關於亞歷山大是否會放過迦太基這一點，已經從推羅的毀滅看得很清楚了。雖然亞歷山大放過了當時正在推羅城中的迦太基朝拜者，但毫無疑問的是，一旦亞洲被完全征服，那麼迦太基也必然將一起覆滅。因此，對未來充滿擔憂的迦太基元老院要求羅達努斯探明的是「亞歷山大究竟會在何時進攻迦太基」，而並非是否會進攻迦太基……

為了得到亞歷山大的信任，羅達努斯乾脆假扮成一個迦太基流亡者，宣稱自己因為仰慕亞歷山大而自願前來加入馬其頓軍隊。羅達努斯的計策成功了，他得以接近亞歷山大並了解他的意圖。雖然羅達努斯立刻向迦太基送去密信，報告這一消息，但當他設法脫身返回祖國後，迎接他的卻是死刑！因為倒楣的戲精羅達努斯演技過於逼真，不僅瞞過了亞歷山大大帝，也騙過了他的同胞。迦太基人確信他真的背叛了祖國，投奔馬其頓國王了。

迦太基人的恐懼，一直持續到亞歷山大在巴比倫城英年早逝為止，此後馬其頓帝國被亞歷山大的將領們瓜分，其中分得敘拉古的，正是聲名狼藉的阿加托克利斯（Agathokles）。阿加托克利斯是憑藉煽動加暗殺的手段登上敘拉古王座的，為了鞏固自己來路不正的王權，他立刻效仿格隆和大狄奧尼西奧斯，對迦太基挑起了一場新的戰爭，以轉移內部矛盾。此時的迦太基內部正處於體制問題造成的危機當中，由於長期依賴雇傭軍作戰，西西里島上的迦太基城邦領袖與從本土來的將軍之間產生了深深的信任危機。理由很簡單，雇傭軍士兵不是迦太基公民，他們只向管理軍隊的將軍效忠，因而產生了迦太基軍閥。

在西元前四世紀時期，西西里的迦太基將軍們權力極大，他們有權根據戰局選擇是戰還是和，還能代表迦太基與外國城邦締結盟約。儘管這些協定需要迦太基元老院的事後追認，但數百公里之外的元老院，對前線將領們做出的政治決定往往只能默認。

迦太基的將軍們也是人，他們在與敘拉古的長期作戰過程中熟悉了對方的軍閥獨裁統治方式，於是的確有人忍不住，想在本國如法炮製。例如希臘人就認為，漢諾家族的首領漢諾將軍在面臨政治危機時，選擇了發動政變建立獨裁政權，事敗後漢諾家族的所有男性成員都被處死，他本人則被釘死在十字架上。這也是迦太基人對造反將軍的一貫處罰方式。迦太基的將領們對政府和人民也抱有不信任感，不止一位將軍曾滿懷憤懣地抱怨說，當勝利的歡呼還未落地時，自己已經被同胞們視為仇敵了！

西元前一世紀時的希臘歷史學家狄奧多羅斯如此評論道，迦太基人在戰爭中將自己的領袖晉升為軍事統帥，他們認為，身為領袖應該理所當然地站出來為國效力。但當戰爭結束後，出於妒忌或恐懼，迦太基人又開始控訴、折磨自己的救世主。他們將莫須有的罪名安在統帥頭上，對這些可能變成獨裁者的國家功臣施加嚴刑峻法的制裁。因此，迦太基的將領往往會因為害怕遭到法庭審判而棄職逃亡，或是試圖篡權成為獨裁者以自保。至於阿加托克利斯，則早已洞悉迦太基將軍的這種微妙心態，他之所以能上台，就是因為果斷地利用了迦太基將軍與國內政治家之間的緊張關係。

在阿加托克利斯試圖染指敘拉古統治者寶座之初，見慣了大世面的敘拉古人對他不屑一顧。雖然亞歷山大大帝的去世引發了繼承者戰爭，但那是屬於馬其頓最高層的大將軍們的事情。他們不認為阿加托克利斯這種軍中的小蝦米也敢覬覦敘拉古的王位。面對著敘拉古菁英階層的鄙視，阿加托克利斯氣得發瘋，於是乾脆一不做，二不休，說服了一幫西塞爾（Sicele）人組成軍隊，進攻敘拉古。結果這幫暴徒在進軍路上遇到了一支龐大的迦太基軍隊。雖然這個迎面而來的迦太基司令官哈米爾卡只要動動小手指，就能將阿加托克利斯化為粉碎，但他居然在與這個希臘野心家的談判中被蠱惑了。於是兩人達成祕密協定：哈米爾卡（Hamilcar Barca）派兵五千，協助阿加托克利斯殺進敘拉古城奪取統治者寶座，然後阿加托克利斯再利用敘拉古的力量，幫助哈米爾卡也獲得迦太基的政權！

這就是阿加托克利斯上台的過程，而他控制敘拉古後的第一件事，就是拉著希臘聯軍攻擊迦太基屬下的城邦。胸懷抱負的哈米爾卡對此當然是選擇原諒，他還等著阿加托克利斯幫助自己成為迦太基的獨裁者呢！除了這個祕密協定之外，哈米爾卡也希望西西里保持動盪，這樣迦太基元老院才會不得不繼續任命他擔任軍隊統帥留在這裡。這種養寇自重的把戲，其實根本無法瞞過精明的迦太基元老們，但他們經過投票後決定，先不召回賣國賊哈米爾卡進行審判，而是要在有把握與哈米爾卡對抗之前保持沉默。從此時開始，西西里的迦太基軍隊開始成為一支半獨立的力量，而它名義上的祖國迦太基，對其幾乎毫無約束力。

幸而哈米爾卡及時死掉了，這才讓元老院擔心的內戰危險沒有出現。議員們重新選舉出一位西西里駐軍指揮官：他也叫哈米爾卡，吉斯戈（Gisco）之子哈米爾卡。新的哈米爾卡於西元前三一一年來到西西里島，以出色的指揮才華贏得了一場壓倒性的勝利，讓阿加托克利斯率領敗軍，龜縮在敘拉古城中不敢動彈。吉斯戈之子哈米爾卡隨後又施展外交手段，瓦解了敘拉古的反迦太基同盟，與諸多希臘城邦重新建立起友好關係，將阿加托克利斯孤立起來。躊躇滿志的哈米爾卡打算攻佔敘拉古，從而徹底終結這場漫長的戰爭。

身臨絕境的阿加托克利斯自然是不肯束手就擒的，雖然他的陸軍幾乎全被消滅，但敘拉古的艦隊實力仍存。於是他制定了一個極為大膽的行動方案，渡海進攻迦太基本土，把戰火引向從未遭受過戰火蹂躪的迦太基世外桃源！阿加托克利斯的確是個道德卑劣的賭徒，但他同時也是敘拉古統治者中對迦太基人了解最深的一個。他透過審訊俘虜，確認了依賴雇傭軍作戰的迦太基人根本沒有在本土作戰的經驗，而利比亞人等北非原住民在發現一支敵視迦太基的軍隊登陸之後，是否會群起而回應呢？畢竟他們被外來的迦太基人壓制了數百年之久了……

阿加托克利斯說打就打，登陸北非需要一定數量的士兵，他便迅速徵召敘拉古公民入伍，還把全部的雇傭兵乃至奴隸也拉進隊伍裡。為了湊集軍費，他屠殺了反對自己遠征的貴族對頭並查抄他們的家產，還搶劫了敘拉古城裡的神廟，強迫城中男子交出儲蓄，勒令婦女上繳珠寶，當然，除了沒收政敵資產之外，其他行為都打著暫時借貸的旗號。

西元前三一〇年，由六十艘船和一萬三千五百人組成的敘拉古遠征軍悄悄溜過迦太基艦隊封鎖線起航了。經過六天的航行，這支敘拉古小艦隊在距迦太基僅一百一十公里處的卡本半島登陸。阿加托克利斯知道自己絕無回頭的機會，於是他登陸後立刻燒毀船隻，以破釜沉舟的氣勢向自己的士兵們發表了鼓舞士氣的演說。

希臘人沿著北非的綠茵道路向毫無防備的迦太基城進軍，並輕而易舉地拿下了沿途城鎮，兵臨城下。

敵人居然出現在這裡！

從未遭遇過戰火的迦太基人徹底慌了，他們認定，既然阿加托克利斯在北非出現，那就意味著西西里的迦太基軍隊必定被全滅了。於是城裡的所有男性公民都被徵召入伍，由波米爾卡（Bomilcar）和漢諾這一對政敵共同指揮，硬著頭皮出城作戰卻遭遇慘敗，漢諾戰死沙場後，波米爾卡立即率軍撤回迦太基城閉門不出。

中世紀書籍中記載的羅馬軍隊在北非登陸。

這時從西西里傳來了一個消息。得知祖國被入侵後的迦太基軍隊，因軍心不穩遭遇慘敗，基斯戈之子哈米爾卡俘後處死，其殘部分裂成幾個互相敵對的小股武裝勢力。阿加托克利斯得意揚揚地在迦太基城下展示著從西西里送來的哈米爾卡首級，就在距離征服迦太基的目標僅剩一步之遙時，他帶來的錢卻用完了。

因為敘拉古的軍隊中不僅有西西里來的本國公民、雇傭軍和奴隸，還有北非的利比亞人和努米底亞人，這些人都指望著打下迦太基城後大撈一筆，結果聽說決戰之前居然不發工資了！於是希臘人立刻秉承自己古老的優良傳統，發起鬧餉叛亂，而非洲人也跟著折騰起來。大家歷數阿加托克利斯的自負和專橫行徑，聲稱如果他不能如期支付軍餉，就把他送給迦太基人。

迦太基人則很快反應過來，他們向叛軍領袖們支付了一大筆軍餉，還許諾如果叛軍領袖能說服西西里的希臘軍隊站到自己這邊，將提供足以讓他們滿意的獎金。在這危急時刻，阿加托克利斯居然利用自己在基層士兵心目中的威望，以自殺相威脅平息了兵變。畢竟如果他死去，敘拉古人根本不知道自己能不能活著走出非洲。

阿加托克利斯鞏固了自己的地位後，又拉攏了利比亞綠山地區的希臘城邦昔蘭尼（Cyrene）之主歐斐爾拉斯（Ophellas）。昔蘭尼曾是迦太基的夥伴，但阿加托克利斯承諾會給他迦太基在北非的全部領土，面對這個誘惑，昔蘭尼立刻背叛了與迦太基的友誼。歐斐爾拉斯曾追隨亞歷山大大帝南征北戰，但他的智商明顯比不上阿加托克利斯這個無賴，很快地，阿加托克利斯謀害了自己的新盟友，吞併了他的軍隊。

就在敘拉古人整頓隊伍的同時，被圍困的迦太基城中還上演了一齣政變鬧劇。有一位名叫波米爾卡的公民被任命為軍事統帥後，成為獨裁者的野心即刻被啟動了。波米爾卡先讓自己的政敵們組成一支軍隊，以討伐與敘拉古人聯合作亂的努米底亞部落之名義，把他們遠遠調開。接下來他將忠於自己的一小支軍隊召集起來，兵分五路吹著號角向城中各處進發。迦太基人起初以為是希臘人打進來了，結果很快發現原來是內部出現了叛徒，被激怒的年輕人自發組織起來抵抗。遭遇抵抗之後，波米爾卡的軍隊便開始不分青紅皂白地屠殺城中公民。

市民們則在元老院組織下集結起來與叛軍作戰，經過一番對峙後，由年長公民組成的勸降團說服叛軍投降。鑑於城外就是敘拉古人，所以元老院承諾不追究叛亂者的罪責，但他們對罪魁禍首波米爾卡食言了，沒有饒恕他。粉碎了政變陰謀之後，迦太基人抽空朝城外瞄了一眼，咦，情況似乎有點不對？原來西西里島上的希臘城邦趁著敘拉古軍隊離開的時機，紛紛張開大旗、自立為王了，勝利在望的阿加托克利斯被迫率領一部分軍隊返回西西里鎮壓內亂，他才能平庸的兒子阿奇埃加瑟斯（Archagathus）則被留下來統率圍城大軍。

凶神惡煞般的敵人竟然憑空消失了，迦太基人精神立即為之一振，起來準備反擊。他們明智地將軍隊分為三個戰區，分別負責海岸、內陸及腹地的作戰任務。敘拉古統帥阿奇埃加瑟斯在看到迦太基人的新舉措之後，決定見招拆招，或者說是上演了一齣拙劣的模仿秀。他也將軍隊以相同的方式拆分成三部分，並且主動出擊尋找迦太基人決戰。這位希臘少爺根本沒考慮到迦太基人這麼做，是因為他們就在自己的土地上作戰，而敘拉古人人生地不熟，還要分兵追擊敵人，其下場可想而知，兩個被派去內陸地區搜尋敵人的敘拉古軍團遇伏，並被完完全全地消滅了。

這下形勢逆轉，敘拉古軍中的利比亞人紛紛倒戈，跑到迦太基人那邊去擁抱舊主。阿奇埃加瑟斯見形勢不妙，連忙一路撤退到圖內斯重新集結殘部，這位大少爺還急匆匆地給老爹寫信痛批反覆無常的利比亞盟友，並請求緊急支援。儘管阿加托克利斯快馬加鞭趕回來救場，但局勢已無可挽回。迦太基人抓住戰機步步緊逼，阿加托克利斯親自上陣也無法使自己士氣崩潰的軍隊重新振作起來。遭受一連串敗仗之後，阿加托克利斯終於承認，自己的北非冒險已到終點。他決定帶著兒子離開這個鬼地方，由於全軍撤退將立刻引起迦太基人的全面進攻，所以他決定拋棄自己的軍隊。

經過至少一次失敗的逃跑嘗試後，阿加托克利斯成功地抵達海岸登船揚長而去，扔下了目瞪口呆的軍隊和垂頭喪氣的兒子。無能的軍二代阿奇埃加瑟斯在夜間跟隨父親突圍時走散，結果天亮時被抓住帶回了敘拉古軍營。抓捕阿奇埃加瑟斯的並不是迦太基人，而是被他們父子拋棄的希臘同胞。當大家早上睜眼一看，發現阿加托克利斯居然丟下大家逃跑之後，憤怒的敘拉古士兵們便把阿奇埃加瑟斯和他的兄弟都抓起來折磨致死，然後果斷地派出代表向迦太基軍隊表示願意歸順。

迦太基人也表現出驚人的寬宏大量，他們開出極為寬鬆的條件。所有敘拉古軍人都會得到現金，作為被舊主拖欠軍餉的補償，如果願意，他們將被編入迦太基軍隊作為雇傭軍效力；不願意為迦太基作戰的人，也會被運到西西里的迦太基城市索拉斯（Soras）居住。但是敘拉古軍中仍有些不肯放棄仇恨因而拒絕與迦太基人合作的軍人，這些不識時務的傢伙，則被押送到迦太基各地進行重建城鎮的勞動改造，反正這些廢墟也都是由他們親手造成的……至於那些拒絕投降試圖戰鬥到底的敘拉古人，最後落得被釘死在十字架上，以儆效尤的悲慘結局。

至此，迦太基本土終於恢復了和平與秩序，孤身逃離的阿加托克利斯在惴惴不安中迎來了迦太基派出的使團。迦太基人提出了一項令人吃驚的提議：他們打算以大量的黃金和糧食，換取先前由迦太基控制、後來被敘拉古侵占的所有西西里土地的統治權。也就是說，迦太基願意出錢恢復戰前狀態，喜出望外的敘拉古當然是選擇握手言和了。

不過迦太基人並不是純良之輩，他們會選擇與阿加托克利斯妥協，首先是因為這場戰爭已經搞得地主家也沒餘糧了。為了應付驚人的軍費開支，迦太基人發行的金幣含金量一路跌到谷底，最後甚至出現了銅幣，這顯示這個商業帝國發生了難以控制的通貨膨脹。此外，迦太基人也很清楚地認識到身邊的努米底亞人、利比亞人和希臘人鄰居對自己的真實看法，僅憑阿加托克利斯的一番遊說，這些與自己交往幾百年的鄰居們，就歡天喜地加入了敵人的隊伍！如果此時傾巢而出去攻打敘拉古報復，這些芳鄰會趁機動什麼手腳還不一定呢……

還有更深層的原因，那就是迦太基元老院對自己的軍隊也不放心，且不說對那些參與了波米爾卡政變的叛軍還未清算，光是如何處置這支因為阿加托克利斯入侵而組建起來的龐大軍隊，就令元老院頭疼不已，就算是剛剛經歷了亡國威脅，迦太基統治者依舊不相信這些軍事指揮官對祖國的忠誠度。

在這樣的情況下，迦太基人才會做出放敘拉古一馬的決定，但這並不意味著他們就此放棄了復仇，他們將對阿加托克利斯恨之入骨的敘拉古降兵安置在西西里，時刻準備著發動復仇戰爭。

另一方面，阿加托克利斯的北非冒險雖然失敗，但也不甘心放棄自己的野心。西元前三〇六年，阿加托克利斯自行稱王。他將注意力轉向北方的義大利半島，試圖在那裡為自己名下的敘拉古帝國開疆拓土。阿加托克利斯頻繁施展外交手段，試圖將包括埃及的托勒密王朝在內、廣義上的希臘勢力聯合起來，建立一個超級同盟。但首先，他並不是亞歷山大大帝，其次，他暗地裡加害盟友的行徑天下皆知，因此希臘同胞對這位敘拉古之王的建議感興趣者寥寥。

最後，阿加托克利斯死於一場神祕的疾病，希臘人說他是在失去了語言能力且全身癱瘓的情況下，被直接抬上火葬柴堆活活燒死的。對於這位煽動能力超群的野心家來說，這真是一種充滿黑色幽默的悲慘結局。阿加托克利斯死後，敘拉古隨即一蹶不振。

就在敘拉古試圖征服的義大利土地上，一個新興的強權正在快速崛起。這個強權對待戰爭的態度與腓尼基—迦太基和希臘人完全不同。他們能夠忍受夾雜在凱歌中間的幾段慘敗哀樂，他們善於從失敗帶來的打擊中吸取教訓，他們以派出新的軍隊，而不是簽訂和平協定和提議休戰作為解決問題的方案。透過這種自己忍受痛苦並向敵人持續施壓的手段，這個強權在西元前四世紀中期就已經展現出一統義大利的潛力，並成為迦太基人竭力拉攏的盟友——他們就是羅馬人。

迦太基必須毀滅

愛搬家的羅馬人

古羅馬的起源很複雜，西元前二千年拉丁人從多瑙河流域進入現在的義大利地區，約於西元前八百年移至後來羅馬城所在地，在帕拉提烏姆（Palatinus）等山丘上定居。與此同時，薩賓人和伊特拉斯坎人也來到這裡。經過一段時間的融合之後，拉丁人聯合薩賓人和伊特拉斯坎人等部落組成羅馬人公社。

西元前七五三年，英雄羅穆盧斯（Romulus）殺死自己的兄弟瑞摩斯（Remus）後稱王，並建立了羅馬城。由殺人犯開創的國家自然不會太平，到了西元前五〇九年，羅馬人攆走了暴君塔克文（Lucius Tarquinius Superbus），理由是這傢伙就是個臭流氓，淨做些強姦貴族婦女的勾當。後世也有記載，說這是往末代君主身上潑髒水的行為，其實塔克文未必就是強姦犯，但總之，古羅馬王政時代就此結束，由此建立起貴族掌權的羅馬共和國。

早期羅馬共和國中最有權力的組織是元老院，元老為部落長老和退任的執政官，享有決定內外政策，以及審查和批准法案的權力，連公民大會百人團選出的執政官也必須經元老院批准。執政官執掌最高行政權力，由推舉出來的兩名貴族擔任。他們與王政時代的國王一樣，擁有絕對的統治權力，穿著國王穿的紫色大袍，坐在象牙寶座上。不過，他們的權力受到非常嚴格的限制：僅能執政一年，以後供職於元老院；他們

古羅馬傳說提到，是母狼養育了英雄羅穆盧斯和瑞摩斯兩兄弟。

是兩人執政，任何一名執政官都可以憑藉簡單的否決，有效地阻止對方的行動或決定。

這種執政官制度，正是羅馬人能在爭霸戰爭中笑到最後的原因，羅馬的敵人會發現，自己無法透過與羅馬領袖協商以達成持久的或有意義的和平協定，因為羅馬國內沒有某個人或黨派能夠長期壟斷政治權力。在正常情況下，想躋身羅馬政壇頂端，都要經歷極為殘酷的競爭，因而羅馬執政官基本上都不敢在自己的短暫任期內，冒著遭政敵譴責和國人咒罵的風險與敵人妥協。

早期的羅馬軍隊主力是平民，在羅馬的初創時期，戰亂不斷，時常有外敵入侵。赤貧的人們平時為了生活辛勤奔波，遇到打仗還得出去賣命，並且不管做出多大貢獻，都無法成為高級官員，不能當元老院議員，還不能和貴族通婚，如此一來，大夥自然離心離德。貴族們眼看貧窮的人民有消極怠工的趨勢，心裡也著急。

西元前四九四年，羅馬適逢外敵入侵，為了哄著貧窮平民出力打仗，貴族們承諾有戰功的減免債務，結果仗打完了，貴族們卻也不認帳。這下平民怒了，他們手持武器，離開羅馬，跑到阿文丁聖山安營紮寨。決定不再理會羅馬貴族們了！這下貴族們傻眼了，平民們一撤離，羅馬就成為一座死城，貴族們連吃飯都成問題，更別提抵禦敵軍了。於是連忙表示兌現承諾，好一陣連哄帶勸，才把平民們請回來。羅馬設置了民選的保民官、營造官和平民會議來保障平民的權利，其中保民官對政府法令有否決權，成為對貴族權力的重要制衡力量。

平民們開心極了！

到了西元前四七一年，貧窮的平民們故技重施再度撤離，逼迫貴族們同意保民官擔任平民會議主席。西元前四五〇年，羅馬頒行第一部成文法《十二銅表法》（*Twelve Tables*），就是為了平息貴族和平民間的鬥爭。結果由於執政官非法延長立法委員會的任期，西元前四四九年，平民們發起了第三次撤離運動。貴族們簡直要吐血了！你們還有完沒完了？無奈之下，只好再逐步做出讓步。西元前四四五年，平民獲得了與貴族聯姻的權利；西元前三六七年，平民獲得當選為執政官的權利，隨後獲得進入元老院的權利。西元前三百年，平民獲准參加所有等級的祭祀活動，這使得他們在宗教事務上與貴族享有同等的地位。西元前二八七年，平民大會的立法和決定，被認定對所有羅馬公民（無論是平民還是貴族）都有約束力，這是平民最後在權利和影響力層面取得的最大勝利。

這些改革都是在沒有戰爭或流血的情況下進行的，儘管他們並沒有從根本上解決這兩個階級間的鬥爭，卻避免了內戰的發生。共和體制為羅馬國力帶來了大爆發，到了西元前三世紀，共和國的疆域已經向整個義大利半島擴展開來。經歷過多次平民撤離運動考驗的羅馬，很善於拉攏民心，對於被征服領土，他們採用了開明與獨裁相結合的政策。羅馬通常並不破壞被征服的城邦，而是給予他們一定的自治權力。羅馬附近的城邦居民全部被授予羅馬公民權，還有一些城邦被授予自治權，而另外的則結成同盟。不過，所有的城邦都要向羅馬繳稅並服兵役。有羅馬士兵駐紮的地方，其軍費由當地支付，士兵成為該地永久性的軍事居民。

羅馬的統治方式大受歡迎，很多城邦迅速歸於羅馬。透過這種獨特的方式，羅馬在每一個被征服地區都擁有了一個永久性的軍事基地。為鞏固這些基地，野心勃勃的羅馬人開始築路。他們修築的道路品質高，筆直如線，甚至徑直穿過山區，確保了士兵和供給可以快速運抵反叛之地。透過授予被征服地區自治權力以及公民權（或者允諾他們在將來有公民權）的政策，建立了對於反叛地區快速嚴厲的反應通道，羅馬人在義大利半島上創建了一個持久和平的帝國。不過對於更偏遠的國家，羅馬的政策就是殘暴和泯滅人性的。例如在征服高盧和日爾曼的戰爭中，大屠殺和焚燒搶掠已成為慣例，當地居民全被當作奴隸，連羅馬士兵的軍餉也用這些奴隸抵充。

平心而論，羅馬對於異族的恐懼政策，源自異族曾帶給羅馬的毀滅威脅：西元前三九〇年，高盧人越過亞平寧山脈南下橫掃義大利，在閃電般擊敗羅馬的機動兵力後，這股毀滅的土石流湧進了連城門都來不及關閉的羅馬城。殘餘的羅馬人逃上易守難攻的卡比托利歐山（Capitoline Hill）上死守，這裡是羅馬的聖地和精神支柱，若是此地淪陷，整個羅馬都會崩潰滅亡。幸而卡比托利歐山頂一面臨水三面為峭壁，極適於防守。但這塊彈丸之地無法容納整個羅馬城的居民，所以非精幹強壯者及其妻兒外，一概不得上山。其他老弱病殘，即便是元老院的元老們，也只能留在城中聽天由命了。

守衛者前腳剛爬上山，高盧人便如泥石流般滾滾湧入毫無抵抗的羅馬城。被拋棄的元老們端坐在廣場上，可是毫無文明素質的高盧人根本不吃這套，他們把這些白髮蒼蒼的羅馬貴人們當場活活打死了……於是這幫凱爾特征服者成了闖入瓷器店的公牛，四處橫衝直撞，肆意燒殺搶掠。元老院、市場、房屋都被破壞焚燒，被殺死的羅馬人屍體鋪滿了街道。這是羅馬建國以來第一次受到異族的蹂躪，而且侵略者整整逗留了半年多，所以被羅馬人視為奇恥大辱。

了解古羅馬史的讀者，可能聽說過「聖鵝」半夜怪叫驚醒守衛者，守衛者發現了偷爬上來的高盧人，從而拯救卡比托利歐山的故事。這個故事無論真假，都無法掩蓋卡比托利歐山上的守衛者坐山觀屠城的無奈。最後這幫高盧的鄉下蠻族們因為過不慣城市生活，又因為城市衛生完全被摧毀而暴發了大瘟疫，這才接受了羅馬人的贖金，然後撤兵。羅馬人記了這個不共戴天之仇長達三百多年，直到阿萊西亞之戰（Battle of Alesia or Siege of Alesia）後，高盧大酋長韋辛格托里克斯（Vercingetorix）被迫向羅馬共和國的高盧總督凱撒（Gaius Julius Caesar）投降，整個高盧地區被羅馬征服後，才算是讓高傲的羅馬人出了這口氣。

但是，對於共和國時期的羅馬人而言，迦太基人是一種非常獨特的異族勢力。與希臘人和腓尼基人的關係非常類似，他們之間也曾存在過一個漫長的蜜月期。西元前三五一年，一個迦太基外交使團將一個十一公斤重的碩大金質王冠贈送給羅馬人，以恭賀他們戰勝了薩莫人。這說明當羅馬日益成為一個舉足輕重的區域強國時，迦太基人迫切希望維持並加強彼此之間的外交關係。羅馬人對迦太基人的友好姿態極為看重，元老院也決定將這頂王冠安置在最重要的卡比托利歐山朱比特神廟之中。

到了西元前三四八年，迦太基與羅馬簽訂了一份新條約，約定兩國商人在對方的城市裡享有同等的權利。事實上，在羅馬境內一直存在著數量巨大的迦太基商人群體，來自迦太基的鹹魚、鹽、羊毛、大蒜、杏仁和石榴，都是羅馬市場上的常見商品。但除了迦太基城之外的北非市場對羅馬商人卻是封閉的，這種不對等體現出兩國在經濟實力上的巨大差異。更重要的是，羅馬和迦太基承認彼此在義大利半島上的領土主權，因為此時雙方擁有一個共同的敵人——敘拉古。

皮洛士的勝利

西元前三世紀初，羅馬人開始征服南義大利地區。這裡是傳統的希臘勢力範圍，眼看著羅馬人打上門來，這一區域的希臘城邦老大塔倫圖姆（Tarentum）急著開始尋找盟友。最終被他拉來幫忙的，是位於今天阿爾巴尼亞地區的一個希臘小國伊庇魯斯（Epeiros）的國王皮洛士（Pyrrhus）。皮洛士時年三十八歲，這個年紀的人在當時已頗有些烈士暮年的意味了。

這位希臘英雄的一生都在動盪不安中度過，多次經歷政變和復辟，在反覆無常的列國爭霸和結盟背叛中鍛煉出驚人的軍事才華，但之前始終被限制於自己的小小王國裡，壯志未酬。

塔倫圖姆的邀請讓皮洛士看到了染指義大利的機遇，於是在西元前二八〇年，皮洛士率軍兩萬五千餘人橫渡亞得里亞海。當皮洛士在南義大利登陸後，塔倫圖姆將自己招攬到的全部兵力都交給皮洛士指揮，於是這支聯軍人數達到近十萬人之多，但核心戰鬥力依舊是皮洛士帶來的那些老兵。為了迎擊皮洛士的軍隊，羅馬派出了四個軍團，在人數上明顯處於劣勢。不過羅馬人當時正處於上升期，如風捲殘雲般席捲南義大利，當地的希臘城邦在羅馬人眼中不堪一擊，所以他們並沒有集中全力來迎擊敵軍。

但皮洛士畢竟是大海那頭聲名遠揚的戰將，羅馬人在謹慎地接觸後，緩緩退到了赫拉克利亞（Heraclea）附近的預設戰場。直到希臘人抵達，羅馬人開始進攻。果不其然，貌似強大的塔倫圖姆軍隊一看到羅馬人列陣而來便一哄而散。幸而皮洛士對盟友的能力早有預料，在戰友瞬間崩潰之際穩住了陣腳。當雙方進入殘酷的肉搏戰時，他亮出了自己的祕密武器：二十頭戰象。這是羅馬軍隊第一次在戰場上面對大象，不光是羅馬士兵傻眼了，連他們的馬也一樣嚇得四處亂竄。皮洛士揮軍掩殺，大敗羅馬軍。這一戰讓羅馬人直接損失了一半兵力，也是他們對外擴張以來，遭遇的最大失敗。

皮洛士贏得赫拉克利亞會戰勝利後一路窮追猛打，直抵羅馬城下安營紮寨。就在羅馬城內人心惶惶之際，皮洛士的使者送去了議和的建議。原來，皮洛士的連戰連捷是以損失嫡系部隊為代價所換來的，他深知自己的盟軍上陣時，基本上等於「花瓶」，真正能打的，就是自己帶來的伊庇魯斯老兵。皮洛士絕不肯拿出全部血本去硬攻防禦堅固的羅馬城。他明智地看到，雖然羅馬連遭敗績，但被它征服吞併的拉丁城邦都繼續保持著忠誠，自己屯兵堅城之下並不是上策，所以不如爭取和平之後載譽而歸。

羅馬元老院聽到皮洛士那寬宏大量的條件時，簡直不敢相信自己的耳朵！不用賠款不用割地，只要承認南義大利希臘城邦的獨立地位就行，皮洛士還願意單方面釋放兩千餘名戰俘以示誠意。羅馬人針對是否接受皮洛士的提議而展開了激烈的爭論，關鍵時刻，一位盲人元老阿彼阿斯．克勞狄烏斯（Appius Claudius Pulcher）站了出來，怒斥願意與敵人妥協的膽小鬼，號召羅馬人拿出與敵人血戰到底的勇氣，宣稱只要有一個敵人還在羅馬的土地上，就永遠不要提議和兩字！在阿彼阿斯激動演說的煽動之下，元老院裡沒人再敢提議和兩字了。但不少人心裡卻在犯嘀咕。由於阿彼阿斯攪局，皮洛士的計畫告吹了。

雙方經過冬季休整以後，在阿斯庫倫（Asculum）附近展開了第二次會戰。在這次會戰中，羅馬依舊落敗，但皮洛士軍隊中的伊庇魯斯老兵精華也幾乎損失殆盡。當戰役結束時，塔倫圖姆的貴族向皮洛士祝賀勝利，他卻悲涼地說：「如果再有一次這樣的勝利，就沒有人可以和我一起回國了！」從此後「皮洛士的勝利」便逐漸成為西方人口中得不償失的代名詞。此戰之後，皮洛士逐漸在義大利陷入尷尬境地：羅馬人正在拚命擴軍準備再戰，他的希臘盟友卻因為屢屢被他羞辱而與他鬧僵。就在這位統帥左右為難之時，一封來自敘拉古的信帶來了轉機，敘拉古的領袖賽農邀請皮洛士到西西里一起對抗迦太基人！

皮洛士的雕像。

皮洛士匆匆看完信件後高興地一拍大腿：「就是它啦！」

賽農的提議之所以會對皮洛士如此有吸引力，一個重要原因就在於皮洛士是阿加托克利斯的女婿。皮洛士認為，昔日敘拉古之王後裔的身分能夠讓他理直氣壯地上位，而此刻的敘拉古正值虛弱分裂之際，所以他立即決定前往西西里。

西元前二七八年，皮洛士揮軍開進西西里島。

要說迦太基人對皮洛士毫無警惕是不客觀的，他們早已注意到皮洛士與敘拉古有可能聯合的傾向。並且早在西元前二八〇年，便派遣由馬戈（Mago）率領的艦隊馳援羅馬。但馬戈在羅馬港口奧斯提亞安提卡（Ostia Antica）被拒之門外，羅馬人出於不讓迦太基深入控制義大利的考慮，彬彬有禮地回絕了這一援助。皮洛士帶到西西里的，只有他那些伊庇魯斯的殘兵剩將，但僅僅因為他的迫近，一支迦太基艦隊就放棄了對敘拉古港的封鎖。

成功進入敘拉古城的皮洛士展現出了極為出色的宣傳能力，他宣稱自己將使西西里永遠擺脫迦太基人的野蠻統治。這個諾言立刻激起了西西里各個希臘城市的熱情，大家紛紛以反迦太基同盟的名義供應兵員、金錢和補給品，皮洛士麾下再度聚集起一支由三萬名步兵和兩千五百名騎兵組成的軍隊，不過他很快就會發現，迦太基軍隊的戰鬥力根本不能與羅馬軍團相比。

在皮洛士抵達西西里之後，迦太基與羅馬簽署協議，承諾雙方均不得單獨與皮洛士議和，以避免皮洛士利誘其中一方與其結盟對抗另一方。雙方還約定了彼此在遭受皮洛士攻擊後的支援義務：向對方派遣援軍時將自行負擔己方軍隊的後勤和軍餉，但海上作戰將由迦太基自己負責，畢竟羅馬人的海軍力量不值一提。

迦太基與羅馬才剛簽訂完協議，西西里島上的迦太基城市便被皮洛士摧枯拉朽般地摧毀，最終只剩下利利貝烏姆城還在苦苦支撐。招架不住的迦太基不顧自己與羅馬墨跡未乾的協議，前去乞求和談，他們拿出以往對付敘拉古統治者的慣用手段：用錢解決問題。迦太基人許諾提供大筆軍餉和戰艦供皮洛士使用，條件是他必須離開西西里，不再回來。顯然迦太基人並沒有考慮到自己的盟友羅馬人會不會因此被激怒——有錢有兵的皮洛士要是離開西西里，接著會去哪裡可是十分明顯。沒想到皮洛士獅子大開口，他不光要錢，還限令迦太基人全部撤離西西里島，並將利比亞以北的地中海作為迦太基和希臘世界的界線，但這種條件令迦太基元老院想起阿加托克利斯入侵北非的前車之鑑，這下和平無望了……

利利貝烏姆城的抵抗仍在繼續，皮洛士再度遭遇了類似羅馬城下的那種尷尬局面。與此同時，皮洛士那狂妄自大的老毛病也犯了，自從他進入西西里後，立即被希臘人尊為敘拉古的「國王和領袖」，但皮洛士的胃口愈來愈大，這種榮譽性的頭銜並不能讓他滿意：他打算讓自己的一個兒子成為西西里之王，另一個兒子成為義大利之王。西西里島的希臘城邦看皮洛士把自己一家人都安排得妥妥當當，不由得歎息：「大家這下請來的不是解放者，而是一位麻煩者！」

在皮洛士直接插手敘拉古等城邦的內政，並公然殺害了邀請他來西西里的敘拉古首領賽農之後，西西里幾乎所有的希臘人都站出來罵他是個忘恩負義、背信棄義的小人。在這種義憤填膺的情緒下，很多希臘城邦轉而聯絡迦太基人表示「願意擔任內應。」於是迦太基軍隊趁勢對失去後援的皮洛士大舉反擊。雖然皮洛士再度擊敗了迦太基人，卻感到已無法在西西里立足，正巧這時被羅馬猛攻的塔倫圖姆再度向皮洛士求援，這個絕望中的南義大利希臘城邦已經顧不得先前與他的矛盾了。皮洛士趕緊趁機宣布，自己要去解放義大利的希臘人，把解放西西里同胞的事業暫時先放一邊。

西元前二七五年春，皮洛士將敘拉古政權轉交給自己的手下希羅二世（Hiero II）後，率領一百餘艘戰艦組成的艦隊離開西西里。結果艦隊剛一出海，就遭到迦太基海軍的襲擊，迦太基人在海洋的戰鬥力還是非常十足的，皮洛士損失戰艦七十餘艘，大部分士兵都葬身大海。到了夏季，當皮洛士再度出現在南義大利草原上時，已經既沒有老兵，也沒有戰象了。失去這兩樣撒手鐧之後，皮洛士最終在貝內文托會戰（Battle of Beneventum）中被羅馬人一舉擊敗，從此一蹶不振，在秋季率領殘兵敗將返回伊庇魯斯。

三年後，皮洛士在攻打一個希臘城邦時，被一個老婦人從屋頂擲下的瓦片砸暈，成為俘虜後慘遭斬首。就在一代梟雄如此不堪地退出歷史舞台的同時，羅馬征服了南義大利地區。隨著西元前二七〇年塔倫圖姆城的陷落，整個希臘地區都落在了羅馬人手中。羅馬在吞併希臘城邦的同時，也大肆吸收希臘文化成果。其中最為明顯的例證，莫過於自西元前四世紀晚期開始流行的特洛伊繼承者一說：羅馬自古流傳著羅穆盧斯和瑞摩斯兄弟建立羅馬城的神話，隨著希臘文化對羅馬影響力的增強，這對雙胞胎棄嬰逐漸被視為特洛伊的後裔。

後來的羅馬詩人維吉爾（Vergil）在作品中讚頌了特洛伊城破之際，安基塞斯王子與愛神阿芙蘿黛蒂之子艾尼亞斯（Aineías）逃出危城前往義大利，以及他的後代創建羅馬城的豐功偉績。這種傳說不僅表現出羅馬人自戀和自我美化的情結，還隱藏著拉攏被征服的希臘勢力的政治意義。到了西元前三世紀初期，馬其頓王國的外交使者已經公然用「同宗同源」來與羅馬元老院拉關係了，雖然在荷馬史詩描述的時代裡，特洛伊還是希臘文明世界之外的野蠻勢力……

隨著羅馬在文化上與希臘逐漸靠近，統治羅馬的菁英階層中也開始醞釀出一種愈來愈強烈的感覺：迦太基人是站在羅馬－希臘文明對立面的敵人。事實上，羅馬與迦太基的友情向來就是在彼此戒備的背景下建立的，即使在皮洛士兵臨城下時，羅馬人依舊將迦太基援軍拒之門外，這也表明了這對盟友之間的不信任程度。現在，皮洛士這個雙方共同的威脅已經化為枯骨，羅馬與迦太基的同盟也就開始分崩離析了。

西元前二七三年，埃及托勒密二世（Ptolemaic II）向羅馬派出使者，尋求建立外交關係，羅馬人熱情地予以回應，因為他們渴望在地中海地區尋找能代替迦太基人的新朋友。與此同時，羅馬元老院中譴責迦太

南義大利地區的希臘城邦向皮洛士求援。

基背盟的言論也此起彼伏，例如在塔倫圖姆城陷落之際，迦太基派出船隊偵察一事就被羅馬人指責為其試圖支援塔倫圖姆人。何況，西西里的希臘城邦素來秉承著挑動區域大國彼此爭鬥的悠久傳統。當羅馬站在眺望西西里島的南義大利海岸線上時，無論主動或被動加入西西里的爭霸中，都只是時間問題了。

漢尼拔的遠征

強盛已久的迦太基和快速崛起的羅馬一直都在互相防備，雙方都認為，保護自己的唯一手段就是消滅競爭者。他們都習慣了不受約束的遊戲規則，這也使得雙方領導層雖無意大動干戈，卻對制止衝突也興趣缺缺。經過一百五十年的持續經營之後，迦太基已將西西里視為自己理所應得的領土；而羅馬人那侵略的本能不僅讓他們對征服西西里充滿渴望，同時也時刻擔憂迦太基人會覬覦義大利本土——雖然迦太基人在羅馬興起後早已放棄了這個念頭。

於是，西元前二六四年，第一次布匿戰爭（Punic War）爆發，地中海世界自此被永久地改變。羅馬人是慣於主動進攻的，他們先以保護西西里的希臘盟友為由，毀約攻擊了迦太基在西西里島的據點。迦太基的海軍當時已稱霸地中海，羅馬海軍仍處於襁褓之中，但這次海戰的結果卻是羅馬完勝。陸戰的情況也有些出人意料，一貫戰鬥力差的迦太基陸軍在名將哈米爾卡・巴卡的帶領下，與羅馬軍團打了個平手。

這場戰爭持續了二十三年，直到迦太基撐不下去，全面撤出了西西里島，並對羅馬賠款才得以終止。這就是第一次布匿戰爭。戰爭結束後，哈米爾卡矢志報仇，卻不幸在鎮壓西班牙凱爾特土著叛亂時死去，他的兒子繼承父親遺志，決心找羅馬人復仇。這個年輕人就是古羅馬時代最偉大的軍事家漢尼拔——二十六歲的迦太基將軍漢尼拔，登上歷史舞台的地點並不是北非，而是西班牙，這也是他所出身的巴卡家族所統治的土地。漢尼拔出生於北非，但九歲時便來到西班牙，在父親麾下的軍營中長大。後世的羅馬歷史學家李維曾如此描述漢尼拔身上的軍人氣質：

指揮的才華與服從的覺悟往往相互矛盾，但這兩樣特質在漢尼拔身上得到了完美的統一……

一旦危險降臨，他會立刻展現出一流的戰術能力。

這個人從肉體到精神都是不知疲倦的，無論是在酷熱或是嚴寒的環境中，都能安之若素。

他並不縱情於吃喝，飲食僅以維持必需的體力為限。他醒著和睡覺的時間都是不固定的，並無白天黑夜之分。

當忙碌之中的他得以抽出時間睡上一覺的時候，他既不會去找一張柔軟的床鋪，也不會去找一個安靜的環境，因為經常有人看見他裹著一條軍用披風睡在地上，周圍是一群擔任警衛的普通士兵或執勤的哨兵。

從衣著上來看，你是絕對無法將他與同齡的其他年輕人區分開來的，但他的裝備和坐騎是那麼引人注目。無論是騎馬還是徒步，他在一群戰士中間都顯得與眾不同。他總是第一個投入進攻當中，又總是最後一個離開戰場。

儘管有政敵在迦太基元老院中憤怒地抨擊，巴卡家族已經將西班牙變成私人財產，而且漢尼拔繼承西班牙駐軍總指揮職務時，甚至沒有申請公民大會批准，但此時的迦太基不僅失去了海軍力量，更因為第一次布匿戰爭和雇傭兵叛亂陷入了破產危機，所以對控制西班牙白銀輸出的巴卡家族敢怒而不敢言。漢尼拔上台後的前兩年時間都花在征服西班牙上了，他在消滅凱爾特土著的作戰中，展現出了繼承自父親的軍事才華。

西元前二二〇年春，漢尼拔在太加斯河（Tajo）與強敵對峙時，使出假裝示弱撤退的策略，他在己方營地與河岸之間留出足夠的空隙誘使敵人渡河，然後自己邊撤退邊進攻。損失慘重的凱爾特人登上河對岸後才驚訝地發現，有四十頭大象正等著把他們活活踩死……漢尼拔隨即渡河，消滅了士氣已經崩潰的殘敵，這場輝煌的勝利不僅讓他的士兵們對指揮官忠心耿耿，信賴無比，更讓北非的政敵們不再敢質疑這位年輕將軍的軍事才華。當漢尼拔徹底穩定了西班牙之後，他已經是一個擁有二十三萬平方公里土地的統治者，麾下有身經百戰的六萬步兵、八千騎兵和二百頭戰象組成的大軍。強悍凶猛的凱爾特部落已經臣服於他，並源源不斷地提供雇傭兵，西班牙的銀礦則滿足了他龐大的軍費開支。

漢尼拔為擊敗羅馬做出了詳盡規畫，在進攻之前，他先派遣了一支軍隊前往北非保護迦太基城。此舉一方面表現出他對祖國的忠誠，另一方面也是在警告巴卡家族的政敵，不要在戰爭期間耍什麼花樣……接下來在西元前二一八年冬季，漢尼拔翻越了羅馬人心中的天塹阿爾卑斯山，進入羅馬的後院，第二次布匿戰爭爆發。

羅馬人對此大為震驚，他們早已看出漢尼拔要發動戰爭，卻沒料到他選擇了如此艱苦的進軍路線！的確，這條路充滿了苦難，漢尼拔的軍隊在行軍途中被凍死了一半人馬，但他迅速召集當地的高盧人，在義大利北部各處挑釁滋事。高盧人一貫被羅馬人欺負，所以趁機跟在迦太基人後面作亂，迦太基的軍隊人數也因此得到補充，達到四萬人左右。

漢尼拔是一位情報戰高手，他不僅招募了大量對羅馬統治不滿的各族間諜，本人也經常戴上假髮和假鬍鬚，混入羅馬軍營刺探情報。這對一個軍隊主帥而言，實在是驚人的冒失之舉，更何況他在這期間還因為眼病而右眼失明。不過對一個想像力豐富，可以跨越阿爾卑斯山的人來說，又有什麼是不可能的呢？由於有充分的情報，再加上漢尼拔的天才指揮能力，迦太基和蠻族聯軍取得了一系列戰役的勝利。尤其是在坎尼會戰（Battle of Cannae）中，漢尼拔擺出新月形狀的陣形，用五萬人包圍殲滅了十萬敵軍。

此戰過後，羅馬費盡心機集中起來的軍隊被消滅了七萬人之多，陣亡名單上包括羅馬執政官鮑魯斯（Paullus）、兩位前任執政官、兩位財務官、共和國四十八名軍團司令官中的二十九人，以及八十位元老院議員，換句話說，這一戰讓羅馬共和國政府有接近三分之一的成員都陣亡了，是古羅馬歷史上最慘痛的失敗，也是世界戰爭史上單日傷亡最嚴重的戰役之一。

整個羅馬在漢尼拔的劍下瑟瑟發抖，差不多又要上演全民撤離的戲碼了，只是由於迦太基軍隊缺乏攻城器械，才暫時倖免於難。就連馬其頓國王腓力五世（Philip V）也與漢尼拔結盟，並趁機對羅馬發動了第一次馬其頓戰爭（Macedonian War）。雖然漢尼拔取得了輝煌的勝利，但由於義大利境內的大部分城邦拒絕背叛羅馬，所以他始終無法動搖羅馬的統治基礎，加上他的盟友基本上都是些靠不住的牆頭草，當羅馬下定決心與他消耗的時候，他的失敗也就無可避免了。

西元前二一二年，羅馬大將科爾內利烏斯·西庇阿（Publius Cornelius Scipio Africanus，簡稱大西庇阿）開始採取圍魏救趙的策略，直攻迦太基。他是羅馬人中的情報大師，在北非的土地上書寫了超越漢尼拔的傳奇。當時大西庇阿率領著兩個羅馬軍團，共有三萬五千人，不過他將面對的迦太基人卻有九萬之多。迦太基軍隊分成兩隊駐紮，像鐵鉗般形成左右夾擊之勢與羅馬人對峙。在這種情況下，羅馬間諜們開始活躍起來。按照羅馬人的記載，吃晚飯的時候，鼓手和號手在大西庇阿的營帳外發出信號，提醒將軍向各個哨所派出警衛人員。羅馬間諜們趁著黑夜的掩護出去偵察，在天亮前回到軍營向大西庇阿彙報情況。大西庇阿會非常仔細地詢問和比較每一個間諜所走的路線和進入敵營的入口。

漢尼拔半身像。

大西庇阿是個狡猾的指揮官，他一面保持對峙局面，一面不斷地派遣使者去和迦太基將領哈斯杜路與賽法科斯交涉。而他的使者全都是些精明的間諜，羅馬軍隊中有經驗的中級軍官如百夫長之類，也化裝成僕役或奴隸混在使團中。他們詭計多端，而迦太基人則顯得非常大意。有一次羅馬間諜們故意鬆開一匹馬的轡繩，然後用極為拙劣的演技追趕馬匹，藉此機會跑遍了迦太基人的軍營。迦太基軍人們只顧大笑著嘲諷羅馬人，根本沒注意到整座軍營的底細都被敵人看了個清清楚楚。

在提圖斯・李維（Titus Livius）的《羅馬史》（*Ab Urbe Condita*）中，記載如下：「當使

者們和迦太基的統帥談判時，這些由百夫長冒充的奴僕們便在營區四處活動，他們把每個進出口、工事布局、每支敵軍部隊的相對位置和人數、軍營的警衛哨兵警戒位置和換哨時間，以及哈斯杜路與賽法科斯兩座軍營之間的距離及路線都熟記在腦中。同時，他們也在考慮應該在白天還是晚上發起攻擊。」

由於和談很頻繁地進行著，所以羅馬的軍官們每次都派不同的間諜去偵察，好盡可能讓更多人熟悉敵營狀況。這樣的情形一直在持續，結果有一次差點露餡。當大西庇阿的使者萊利斯正在與賽法科斯會談時，賽法科斯的一個手下認出了化裝成奴隸的百夫長路西斯，因為他倆以前曾在羅馬境內見過。但萊利斯是個很會隨機應變的人，他立即哈哈大笑著讓賽法科斯的手下去鞭打路西斯，理由就是一個奴隸竟敢讓人以為自己是個羅馬公民。路西斯恭順地挨了一頓鞭打，於是在場的迦太基人都認為此人肯定是個奴隸，因為一個羅馬的百夫長不可能忍受得了這種屈辱。

經過細緻的偵察後，大西庇阿動手了。他針對迦太基軍營完全由木頭和蘆葦建造這一點採用了火攻。正當迦太基人奇怪那些勤快的和談使者為何不見了蹤影時，火勢已無法控制。驚慌失措的迦太基人剛衝出火海便遇到了羅馬軍團的短劍，一夜之間大約有四萬人命喪黃泉，迦太基的軍隊被徹底摧毀。此前一年在義大利戰場上，漢尼拔也遭受到了嚴重的挫折。西元前二一一年，漢尼拔進攻羅馬的港口城市諾拉（Nola）。負責守衛諾拉城的是馬凱路斯，這個謹慎的羅馬將領不理會漢尼拔的百般挑戰，他心裡頭非常清楚，迦太基軍隊沒有足夠的攻城器械，只要做好防禦就足以保證安全。

心急如焚的漢尼拔決定還是用自己拿手的間諜戰法，他派遣間諜滲透進諾拉城，在城中居民內部進行策反煽動。由於本身的威名和一向厚待俘虜的態度，漢尼拔很快便招募到一批仰慕他的居民組成內應部隊。雙方商定：一旦馬凱路斯率部出城作戰，就立刻關上城門。門外面的羅馬軍隊交給漢尼拔軍隊消滅，內應部隊制伏城內的留守部隊，奪取城內的軍械物資後再殺出城來，與漢尼拔軍隊裡應外合，奪下諾拉城。一切進展得很順利，諾拉城似乎唾手可得。

但漢尼拔自信過頭了，他沒料到自己的內應部隊中隱藏著一個雙重間諜——路西烏斯·本提烏斯。本提烏斯本是一名羅馬軍人，在坎尼戰役中被漢尼拔俘擄。當時他身負重傷，瀕臨死亡。漢尼拔不但沒有殺他，反而派人悉心照料他並為他療傷，在他傷癒後漢尼拔給了他自由，讓他繼續回到羅馬生活。當漢尼拔的大軍來到諾拉城下時，本提烏斯恰好在城內生活。他深知報答漢尼拔的時機到了，於是主動出城與漢尼拔聯繫。漢尼拔也委之以在城內負責組織接應的重任。為了組織起更多的內應，本提烏斯每天遊走於諾拉城的各個角落，一面爭取對羅馬統治不滿的人加入內應部隊，一面四處宣揚漢尼拔的功績。一般來講，在敵營從事地下工作，本就不應該搞得像沿街叫賣似的那麼張揚。但本提烏斯是實在人，由於工作熱情高漲而過於大張旗鼓，在與漢尼拔商定好裡應外合的計畫後不久他便被捕了。本來按照羅馬人的傳統，內奸應該立即被釘死在十字架上，但馬凱路斯是個例外的慢性子。他耐心地和本提烏斯談人生、談理想，基本要義就是，效忠我，大有好處！

有的時候，人的行為是有慣性的。比如本提烏斯就把背叛當成了家常便飯。在他的指認下，內應部隊被馬凱路斯一網打盡，七十多人被處死，他們的家人都變成了奴隸，家產也被全部沒收充公。此後，本提烏斯繼續以高漲的熱情與漢尼拔謀畫「裡應外合」之事，當然，除他之外的「裡應」已經都變成了十字架上的腐屍。此後的一切都按照金牌導演馬凱路斯的劇本進行：一天，馬凱路斯主動率部出城作戰。漢尼拔喜出望外，馬上派軍迎戰，同時親自率領精兵突襲城門。但迦太基人沒等到城裡的接應，卻遭到馬凱路斯精銳部隊的突襲。當漢尼拔攻城的時候，城內整隊的士兵突然打開城門殺出來，以迅雷不及掩耳之勢發動猛攻。馬凱路斯還在城外安排了一支騎兵包圍漢尼拔的兩翼，迦太基軍隊四面受敵，陣腳大亂。幸虧漢尼拔經驗老到，才能在騎兵的掩護下收攏部隊，衝出了包圍圈。

這次攻城失利使漢尼拔百戰百勝的神話畫上了句號，諾拉城的攻城戰鬥持續了兩年多。漢尼拔損失了一萬多人，最終還是望城興歎。對漢尼拔打擊更大的是，這次攻城的潰敗使他名譽受損，軍中部分將士甚至開始公開質疑他的指揮能力，部分曾跟隨他攀越庇里牛斯山和阿爾卑斯山來到羅馬戰鬥多年的老兵也棄他而去。這嚴重地挫傷了漢尼拔的自尊心，大大削弱了他的銳氣，諾拉之敗也標誌著他的軍事生涯巔峰狀態的結束。本提烏斯這個名字由此在西方世界成為雙面間諜的代名詞。

在這種情況下，漢尼拔被迫撤離義大利回援祖國。在與大西庇阿對陣時，漢尼拔也用和談作為緩兵之計。古羅馬歷史學家弗羅魯斯（Lucius Annaeus Florus）記載了漢尼拔和大西庇阿會面時的場景。兩位聞名的將軍，一個在義大利戰場屢次得勝，一個在西班牙戰績輝煌……兩位統帥本人就達成和平條件會晤談判。他們倆長時間相對無言，一動不動，彼此流露出對對方的仰慕之情。由於沒有達成和平協議，軍號又吹響了。兩人都證實，指揮作戰者不可能這樣善於運籌帷幄，將士在作戰中不可能如此鬥志昂揚。大西庇阿公開這麼說，他指的是漢尼拔的軍隊；而漢尼拔講的則是大西庇阿的軍隊。

大西庇阿和漢尼拔見面時彼此惺惺相惜，可惜由於雙方提出的條件差距過大，和談無果而終。此後，漢尼拔如往常一樣派出大量間諜偵察羅馬人的動向，而大西庇阿的士兵們是受過嚴格訓練的，所以反而俘獲了一些迦太基間諜。大西庇阿親自審訊間諜，出乎意料的是，他們沒有被虐待或殺死，反而受到了羅馬統帥和顏悅色的招待，因為大西庇阿認為，這些間諜可以為自己所用。他親自帶著這些間諜把軍營裡外轉了個遍，還介紹了羅馬軍團的詳細部署。最後這些迦太基人被好吃好喝地招待了一頓，客客氣氣地送了回去。大西庇阿只有一個要求，那就是要間諜們如實向漢尼拔彙報自己看到的一切。

漢尼拔在聽完彙報後十分滿意，尤其是在得知羅馬人幾乎沒有什麼騎兵力量之後更是如此。雖然他的軍隊才剛剛經過長途跋涉而疲憊不堪，傷亡嚴重，但是對於消滅沒有騎兵支援的羅馬軍團還是有自信的。他不知道的是，自己的盟友努米底亞（Numidia）人已經背叛了自己，他們的六千名騎兵正在趕來的路上。隨即展開的紮馬會戰便因此出現了戲劇性的場面：當三萬羅馬軍團和幾乎超過他們人數一倍的迦太基軍團絞殺在一起時，六千名努米底亞騎兵突然出現並從迦太基人背後發起衝擊。迦太基人全軍覆滅，漢尼拔單騎脫逃，而羅馬人只損失了一千五百人。

第二次布匿戰爭的結局由此戰奠定，漢尼拔輸給了比自己更狡猾的情報戰大師。根據新的條約，迦太基的陸軍被解除了武裝，海軍的六百艘戰艦全部被集中起來，當著大西庇阿的面焚燒殆盡。迦太基

羅馬人利用「烏鴉」登上迦太基戰艦展開肉搏戰，繪製於一八八三年。（編按：「烏鴉」為羅馬戰船上設置的一種吊橋裝置，前端有一形似烏喙的重型鐵釘，當吊橋下落敵船時，鐵釘可刺入甲板使兩船固定，為進攻敵船提供了通道。）

除非洲外的所有領土都被割讓給羅馬，還要支付巨額的戰爭賠款。經此一戰之後，迦太基已經無力再與羅馬爭鬥了。由於馬其頓國王腓力五世曾與漢尼拔結盟，羅馬隨後發動了進攻希臘的戰爭。馬其頓方陣在羅馬軍團的打擊下潰不成軍，西元前一九七年，羅馬將軍提圖斯・奎恩科提烏斯・弗拉米尼努斯（Titus Flavius Vespasianus）在希臘東部的色薩利（Thessalia）擊敗了腓力，並宣布希臘所有城市為自由城市。西元前一八九年，敘利亞國王安條克三世（Antiochus III）的軍隊在小亞細亞的馬格內西亞（Magnesia）戰役中被殲滅。至此，所有的希臘化國家幾乎都被羅馬征服。

羅馬人也沒有放過迦太基和漢尼拔。漢尼拔在紮馬戰役結束後退出軍界，爾後又當選為行政官，並試圖借助商業重振國力。但是僅僅七年後，羅馬人便開始擔心迦太基的復甦威脅，他們要求迦太基政府交出漢尼拔，漢尼拔則自願被流放，離開迦太基。他周遊各國，曾先後兩次在不同的國家率領軍隊對抗羅馬，可是每一個國家最後都因為面臨來自羅馬的壓力而準備出賣他。經過幾年的流亡生活之後，這個品格高貴、堅強不屈的迦太基人服毒自盡。根據李維的記載，就在同一年，曾經在非洲戰場上獲「非洲征服者」稱號的大西庇阿，也在政治鬥爭失敗後去世。

迦太基覆滅的命運

迦太基不再是地中海的強權了，它失去了成為帝國的資本，也卸下了帝國的重擔。迦太基人放棄了復仇的念頭，一心按照腓尼基祖先的傳統，以商業立國。他們的貿易天賦是如此卓越，以至於僅僅用了十年時間，便從戰敗的陰影中掙脫出來。

在羅馬，人們將「小迦太基人」等歧視性的稱呼加諸戰敗者，希臘作家創作出醜化迦太基人的喜劇在羅馬境內四處上演。雖然普通羅馬公民對迦太基的存在並不在意，但元老院中始終存在著敵視迦太基的力量，他們害怕享受了半個世紀和平的迦太基再度崛起。儘管迦太基人做出百般的低姿態來祈求羅馬賜予和平，但羅馬的盟友努米底亞人借勢不斷在北非侵略迦太基的領地，而迦太基與努米底亞的戰爭終於給了羅馬出兵的藉口。西元前一五〇年，關於羅馬人開始動員軍隊的壞消息傳到北非，立即在迦太基城中引發了的恐慌。

迦太基人匆忙逮捕了主張與努米底亞開戰的罪魁禍首哈斯德魯巴（Hasdrubal）將軍，並判處了他死刑，然而，當使團前往羅馬元老院中祈求為迦太基辯護時，他們看到的是一張張冷臉和充滿敵意的質問：「你們為何不在與羅馬的朋友開戰前就這麼做呢？」迦太基人低聲下氣求問該如何彌補過失，卻只得到一句含糊不清的答覆：「你們應該讓羅馬人民感到滿意。」

西元前一四九年，八萬步兵和四千騎兵組成的羅馬遠征軍抵達北非。迦太基人按照羅馬人的吩咐，交出了三百名貴族孩童作為遵守協議的人質，並且上繳了全部武器和作戰器械。率領遠征軍的羅馬執政官塞索里努斯確認迦太基人被完全解除武裝之後，才向由三十位公民領袖組成的代表團宣布了羅馬元老院的和平條件：迦太基人必須遷徙到為他們指定的北非內陸約十六平方公里的保留區內居住，而他們的城市將被徹底夷為平地。這是羅馬人背信棄義的死刑判決，當迦太基的神廟和墓地被摧毀，祭祀儀式被全面禁止，並且失去賴以立國的港口之後，這個商業城邦國家也就不復存在了。在古代世界中，沒有一個國家在國家宗教基礎被徹底摧毀後還能繼續存在下去，這正是羅馬人的目的。迦太基人將遠離海岸，轉為農耕民族，當美刻爾、巴力．哈蒙等腓尼基神靈被徹底遺忘之後，他們將被利比亞人徹底同化。

塞索里努斯向迦太基人宣布：

祛除一切邪念的藥方就是遺忘，除非你們掉過頭，不再關注你們的城市和昔日榮耀，否則你們是做不到遺忘的。

我們允許你們自行選擇想去的地方，一旦你們在那裡定居了下來，你們就可以按照你們自己的規則來生活。我們之前就告訴過你們：只要你們服從我們的統治，迦太基就可以享有自治權。我們認為你們這些人——而不是你們所生活的這片土地——才是迦太基。

身處於絕境中的迦太基人被激怒了，騷亂席捲全城，暴民們殺死了所有主張接受羅馬人要求的元老貴族以及城中倒楣的義大利雇傭軍。本來被判處死刑的哈斯德魯巴將軍被立即釋放，官復原職，全體迦太基人一致同意立刻開始備戰，願意投降的人都已經被同胞殺死了。整座城市的奴隸都被釋放並被編入軍隊，為了解決沒有武器的問題，城中包括神廟在內的全部公共建築都成為臨時兵工廠，七十萬居民不分男女老少，晝夜不停全部投入搶造兵器工作當中，每天有一百面盾牌、三百支劍、一千支弓箭和五百支投槍被生產出來。迦太基的婦女們還紛紛剪下長髮，製作出投石機用的繩索。

塞索里努斯本以為被解除武裝的迦太基人不敢也沒有能力反抗，當他意識到這座城市竟然真的打算以死相搏時，不得不下令開始攻城。但這場戰爭的艱苦程度遠超羅馬人的想像，殘酷的攻防戰一直持續到第三年。

西元前一四七年，新任羅馬指揮官西庇阿．埃米利阿努斯（Scipio Aemilianus）率領援軍抵達非洲，接掌消滅迦太基的指揮權。年輕的小西庇阿尚未達到擔任執政官的法定年齡，也沒有正式的委任狀，他被破格任命為執政官，收拾北非的爛攤子。而此時，迦太基的統帥哈斯德魯巴被小西庇阿從野外趕入城市，然後無奈地看著羅馬人修築的防波堤封鎖了海港，從而徹底切斷了迦太基城與外界聯繫的海陸交通線，這座城市的陷落只是時間問題了。

小西庇阿完成封鎖線之後，輕鬆地掃蕩了北非土地上仍舊忠於迦太基的城鎮，將大量難民趕入城中，以加快消耗敵人的糧食。而哈斯德魯巴則在絕境中坐上了僭主寶座，他將自己的反對者全部處死，以糧食配給來控制城中饑餓的居民。為了確保迦太基人不會在絕望中出城投降，哈斯德魯巴當著城外羅馬士兵的面將羅馬戰俘折磨致死，迦太基人連最後一絲得到羅馬人寬恕的機會都已不存在了。哈斯德魯巴的獨裁統治只持續了很短的時間，西元前一四六年春，西庇阿全面進攻，繞開哈斯德魯巴重點防禦的貿易港，選擇攻占迦太基軍港並以此為跳板攻入城中。

羅馬士兵沿著由一排排六層房屋組成的街道推進，絕望的迦太基市民站在屋頂上用石頭和羅馬人拚命，然而只能產生一點拖延時間的作用，經驗豐富的羅馬士兵逐屋展開攻擊和屠殺，並焚燒仍有人抵抗的房屋。躲在房屋中的迦太基婦孺被火焰逼出來逃到街道上，接著就立刻被羅馬人的騎兵踐踏而死。打掃戰場的羅馬士兵用鐵鉤子將街道上所有的迦太基人都拖到亂葬坑中掩埋，不管其中有多少哭求饒命的倖存者。

這場攻擊持續了六個漫長的日與夜，小西庇阿讓他的士兵輪番上陣，以保證戰士們體力充沛地完成屠殺全城的使命。到了第七天，一個由迦太基元老組成的代表團手持象徵和平的橄欖枝來到西庇阿面前乞求一條生路。年輕的小西庇阿接受了他們的投降請求。五萬名倖存市民在羅馬士兵押送下走出迦太基城，開始了悲慘的奴隸生活。現在仍在頑強抵抗的，只剩下哈斯德魯巴以及他的親信和羅馬叛變逃兵等九百名守軍，他們知道自己不可能得到小西庇阿的饒恕，於是爬上神廟屋頂做最後一搏。就在最後的時刻來臨前，哈斯德魯巴精神崩潰了。

他拋棄了自己的戰友和家人，獨自偷偷爬下來像條狗一樣匍匐在西庇阿面前祈求投降。神廟屋頂上的人咒罵著哈斯德魯巴，他們決定慷慨赴死，讓羅馬人看看自己的志氣。神廟被守軍點燃了，哈斯德魯巴（Hasdrubal）的妻子抱著正在瑟瑟發抖的孩子們向丈夫高聲大喊：「偉大的迦太基領袖哈斯德魯巴，你這個叛徒可憐蟲，你這個沒骨頭的狗東西！你打算成為羅馬人凱旋儀式上的裝飾嗎？你好好看著，我和孩子是怎麼死的！」

這個勇敢的女人親手殺死了自己的孩子，並將屍體逐一拋入火中，隨後她自己也跳進了火海。在羅馬人無聲的注視當中，最後的迦太基守軍都被熊熊烈焰吞沒，歷經七百年風雨的迦太基，至此不復存在。

德國畫家賓茨．格奧爾格創作於一五三九年的《被俘擄的迦太基人》。

迦太基陷落了，倖存的市民被送往奴隸市場，羅馬士兵們按慣例洗劫了這座城市，並且按照元老院的吩咐將之徹底摧毀。苟且偷生的哈斯德魯巴和少數幾個大貴族被送到羅馬遊街示眾，接著他們被赦免並軟禁在義大利過著較為舒適的生活。北非土地上那些忠於迦太基的城市都被羅馬軍隊徹底摧毀，而投靠羅馬的城市則得到瓜分舊迦太基領土的獎勵。隨著羅馬進入帝國時代，屋大維以重建迦太基城來標榜自己創建新生政權自信的力量與和解的誠意。當羅馬重建昔日最強大敵人的城市時，也暗示著在整個地中海世界，屋大維帶來的是長遠的和平。

西元前八年，羅馬帝國駐利比亞的一位高級官員為紀念一座公共建築的竣工，慷慨出資捐助豎立了歌頌這一工程的石碑。碑文上刻著的銘文熱情讚頌了羅馬皇帝的功德，使用的文字除了拉丁文之外，還有腓尼基字母。這位捐助者的名字是漢尼拔・塔帕皮烏斯・魯弗斯，正是迦太基人的後裔。

正如這位漢尼拔的名字所顯示的那樣，迦太基人依舊在取名時遵守了源自腓尼基的古老傳統，但第二和第三個拉丁名字則顯示出羅馬文化與迦太基文化的融合程度。由羅馬帝國統治的北非迦太基裔菁英人士，就不認為自己的羅馬公民身分與迦太基人出身有何衝突。

在帝國的迦太基行省中，迦太基的語言依舊作為通用語被使用。從黎巴嫩海岸走出來的腓尼基神靈，如美刻爾、阿斯塔蒂、巴力・哈蒙和坦尼特等等，也依舊在北非的土地上享受著膜拜。迦太基人理直氣壯地宣示著自己羅馬公民的身分，同時還保留著源自腓尼基的傳統文化。與此同時，在舊日的腓尼基海岸一帶，與他們同源的腓尼基人雖然同樣以羅馬為祖國，但其精神家園已經是希臘了。希臘人極為成功地將由腓尼基和希臘之間的文化交流與相互融合所帶來的進步完全歸功於自己，甚至連腓尼基的後裔都對此深信不疑。

羅馬人無疑熱切地希望所有北非出身的公民都能將自己與羅馬主流文化融合，例如西元一世紀的羅馬詩人斯塔提烏斯（Statius），曾經在信中提醒自己的朋友迦太基裔羅馬公民塞提米烏斯・塞維魯斯（Septimius Severus）：「你的演說沒有用迦太基語，你也沒有穿上迦太基服飾；你的思維方式並不是外國的——你是義大利人，義大利

第一位迦太基裔的羅馬皇帝塞提米烏斯。

西元一世紀的羅馬詩人斯塔提烏斯。

人！」

就在斯塔提烏斯寫下上述文字的數十年後，提米烏斯・塞維魯斯的一位與祖父同名的孫子，成為首位迦太基裔羅馬皇帝，開創了羅馬帝國的塞維魯斯王朝。這位迦太基裔皇帝重新收殮了第二次布匿戰爭中的迦太基英雄漢尼拔遺骨，為其建立起一座雄偉的白色大理石陵墓。而他的兒子卡拉卡拉（Caracalla）在登上皇位後，頒布了「安東尼努斯敕令」（Constitutio Antoniniana），讓羅馬帝國內所有的自由人都享有完整的公民權，其中自然包括迦太基裔和腓尼基裔居民。到了東羅馬時代，已經衰落的迦太基傳統信仰依舊在北非流傳。但基督教在北非的興起，快速清除了古老多神教的痕跡，起源於古老迦南之地的腓尼基文化遺存，終於在新興宗教的掃蕩下滅絕了。

隨著西元三一三年「米蘭敕令」（Edict of Milan）的頒布，基督教在東羅馬帝國境內獲得合法地位，羅

羅馬帝國皇帝卡拉卡拉雕像。

開創了羅馬帝國的塞維魯斯王朝的塞提米烏斯・塞維魯斯全家福畫像。

馬的國策使得基督教會成為國家機器的一部分。在基督教鹹魚翻身的同時，羅馬帝國對基督教以外的異教進行了殘酷打擊，狄奧多西一世關閉了所有異教的神廟，並停止了古代奧運會。與此同時，基督教經過長期蟄伏而產生的極端傾向也開始爆發，他們將自己遭受過的壓迫轉嫁到其他古老信仰頭上，古老的迦太基神廟不得不開始興建防禦工事，以抵禦來自狂熱基督徒的攻擊。

在四世紀時，君士坦丁式樣的基督花押字（monograms）普遍出現在迦太基的墳墓和建築物上，這說明了當地人的宗教信仰已經轉變。當迦太基教會宣布以拉丁語為正式的祈禱用語之後，迦太基語便退出了官方語言行列。隨著幾個世紀後阿拉伯征服者的抵達，新的統治者選擇了建立突尼斯城，而不是沿用迦太基城作為自己的統治中心。至此，古代迦太基在北非的所有影響力都宣告終結，腓尼基—迦太基一系的背影永遠消失在歷史長河之中。

第二章

腓尼基神話體系

如同腓尼基人的祖先出現於富饒的敘利亞–巴勒斯坦新月地帶一樣，腓尼基神話也誕生於這個古文明的搖籃之中。在這片被稱為「迦南」（Canaan）的神奇土地上，說著迦南語的諸多民族，普遍信仰迦南多神教體系神話，腓尼基人的祖先自然也在其中。後世研究者透過研究《聖經》尋找迦南神話的痕跡時，留存至今的少數腓尼基文銘文，發揮了相當重要的作用。

迦南人並不注重抽象，而是將對自然的理解和自己的想像力傾注於具體事物之中。當腓尼基文明沿著地中海傳播時，來自於迦南神話的腓尼基神話也表現出與之類似的特性：神靈們會直接參與到關乎人類命運的那些如火如荼和至關重要的事件中，例如，豐饒與生命之神巴力，與他的兄弟貧匱和死亡之神莫特之間無休止的殊死搏鬥。這種搏鬥之所以被腓尼基神話反覆強調，是因為反映了迦南農業以七年為週期的土地休耕習俗，世界正是如此在富饒與貧匱中反覆迴圈。

腓尼基人信仰的神靈很多，在希臘和羅馬文化興盛的時代，腓尼基人甚至也開始崇拜宙斯和朱比特（Iuppiter）之類的神靈，他們的神話故事中也有這些異族神靈的身影。但無論如何，腓尼基人所信仰的諸神仍然以自己民族的神靈為主體。每逢某位神靈的紀念日到來，腓尼基人便會選擇在城邦附近的山坡舉行儀式進行獻祭，這是他們的古老傳統。如果找不到山坡，在水邊也可以舉行祭祀儀式。腓尼基人崇拜水，因為造物主埃爾的帳篷外環繞流淌著兩條宇宙的生命源泉。在舉行祭祀儀式時，人們要向祭司奉獻豐厚的祭禮。

這些祭禮中的動植物被獻給神靈，並標誌著節日慶典的開始，而金銀財物等則落入祭司的腰包。每座城邦中的大祭司往往是僅次於國王、擁有實際權力的人物，祭司階層富可敵國。在獻祭的同時，腓尼基人的祭神慶典中還少不了儀式隊伍，這些隊伍中的專業人士負責獻上音樂和聖歌聖舞。

腓尼基人期待的是有規律的自然變遷，他們畏懼任何不合時宜的意外，甚至包括突如其來的豐年，因為這對於他們賴以生存的商業活動同樣會造成衝擊。

腓尼基人期待冬季有雨，夏季有露，希望蝗災和乾旱遠離自己的城邦。為此他們願意向眾神獻上自己的虔誠禱告和慷慨犧牲……

埃爾與眾神

一般來說，每座腓尼基城邦對於守護神的選擇是自由的，城邦之間對神靈信仰的差異非常普遍。只有一個例外，那就是所有的城邦都信仰埃爾（El），因為他是腓尼基人共同的上帝。埃爾是創造之神、眾神以及人類之父，在迦南語中是「上帝」、「國王」和「神性」的意思，也是所有迦南民族早期信仰中的最高神。但埃爾又是個橡皮圖章式的最高神，掌管世界的權力都被他的兒子們奪走了……

在腓尼基人的想像中，埃爾的形象是豐富多樣的，其中有一個形象非常特別。這位上帝長著四隻眼睛，身前兩隻睜開，身後兩隻閉合；在肩上生著四隻翅膀，一對振翅欲飛，一對下垂收攏。根據腓尼基銘文的說明，這表示了埃爾「既睡著又醒著，既醒著又睡著，既飛著又休息著，既休息著又飛著」。這種複雜多變的形象，成為上古神話中埃爾撲朔迷離形象的縮影。

衰老的造物主

腓尼基人對埃爾的來歷有很多種解釋，壯麗恢宏的說法，有埃爾自宇宙之蛋中自我創造，他的出現讓蛋裂開，進而產生了宇宙萬物。此外還有凡人神格化的解釋，如迦太基殖民地時期的比布魯斯，傳說聲稱埃爾本是古代的比布魯斯王，死後成為萬神之主，生前的宮殿也成為他成神後的神廟。神廟中有一座巨大的圓錐形聖石，埃爾就居住於此。考慮到比布魯斯與埃及文化之間的密切關係，這種傳說似乎可視為腓尼基神話埃及化的一個側影。

大約在西元前一千四百多年前，埃及國王阿蒙霍特普一世（Amenhotep Ⅰ）在位期間，埃及人就已經將腓尼基人口中的埃爾，視為孟斐斯神學體系中的普塔（Ptah，造物神）了。

在腓尼基神話中，埃爾誕生後創造了七位主要神靈，以代表世上的七個豐饒年，在腓尼基人的頌歌中，他們被稱為「善良仁慈之神」。當然，埃爾還有其他的孩子，在不同的記載中，埃爾有七十或更多的孩子，但無論其後裔的數量是多少，所有的傳說都認可埃爾是一切神靈的源頭。與其他文明的創世神話相比，腓尼基的創世神話顯得格外另類，造物主在開創自己的世界時就已經垂垂老矣。衰老的埃爾站在原初海邊的烈焰上創造出兩個女子，她們是生育、母親與海洋之神阿舍拉和拉哈梅兩位女神。然後，埃爾手中象徵著埃爾男性之力的權杖無力地垂下。

埃爾鍍金坐像。

埃爾的無力象徵著世界正處於饑荒之中，一開始就面臨著結束的危機。埃爾將兩個女神置於身旁後射下天空中飛過的一隻飛鳥，然後俐落地將飛鳥拔毛去內臟，放在火上燒烤。看到這裡你可能會覺得奇怪，這老爺子怎麼在關鍵時刻光顧著美食呢？答案就在兩位女神身上，埃爾一邊燒烤一邊詢問她們，鳥何時會熟，女神的回答將會決定她們的身分。

兩個女神的回應有兩種可能，一種可能是：「噢，父親，父親！你的權杖下垂，權標從你的手中脫落。」在這種情況下，她倆就成為埃爾永恆的女兒，埃爾不會再創造出任何東西。另一種可能是：「噢，丈夫，丈夫！你的權杖下垂，權標從你的手中脫落。」在這種情況下她倆就會成為埃爾永恆的妻子。當然我們知道，這道選擇題的答案肯定是後一種，於是埃爾的性能力被喚醒，他讓兩位女神躺下並俯首親吻她們香甜的嘴唇。兩人因親吻而受孕，因擁抱而受孕，從而開始承受生育之痛，並產下了第一對天神：晨曦之神沙哈爾和黃昏之神沙里姆。接著埃爾再度和兩個女神生下了剛才提及的那七位「善良仁慈之神」，以及「海洋的砍刀」和「海洋之子」等諸多神靈。

埃爾與自己的兩個妻子在「埃利希之野」的沙漠中建立了一個庇護所式的家園，他住在帳篷裡，兩條宇宙的源泉圍繞著這個世外樂園流淌。在這個地方，他不再需要親手烹飪，他的兩位妻子「將山羊羔放在山羊奶裡煮，將小山羊放在油裡炸」。但那七位「善良仁慈之神」飯量實在太大了，俗話說「半大小子吃窮老子」，更何況是七位「口可觸地，口可觸天，可吞進天上之鳥、海底之魚」的神靈呢！於是埃爾連忙吩咐自己的七個兒子說：「我的兒子們啊，你們將置身於巨石和樹木之中，歷時整整七個年頭，甚至八度春秋！直到你們這些善神的足跡遍及原野，乃至這一荒漠之地的每個角落！」就這樣，七位善神開始周遊世界，在良辰吉日進入各方土地，為大地帶來豐收的祝福。

埃爾的孩子逐漸增多，他也逐漸變得年老昏聵，甚至在酒宴中露出角和尾巴（迦南神話中埃爾常以公牛形象出現）並暈倒在地。這時他的三個力量最強大的兒子開始爭奪繼承者之位，這三位神靈分別是風雨之神巴力（Baal）、海神雅姆（Yam）和冥王莫特（Mot）。河水和海洋之神雅姆的力量強大，在某些腓尼基傳說中被視為埃爾的長子，這也就能解釋為何埃爾總是會對雅姆的種種跋扈要求予以包庇了。

雅姆誕生於海洋中的神聖火山，隨著火山噴發而產生，因此他擁有極為強大的擾亂自然之力，掌握著海洋的狂暴力量。在整個美索不達米亞地區，都流傳著關於海神雅姆的傳說。他被描繪成大海蛇的模樣。一些古代文獻中宣稱小亞細亞傳說中的七頭海蛇利維坦（Leviathan）就是雅姆的化身之一。雅姆還是迦南習俗中最重要的水斷審判大法官。水斷是迦南民族最重要的司法裁判方式，那些疑難案件的嫌疑犯會被丟進深深的河水中，由雅姆根據神意來決定他們的命運，無罪者浮起，有罪者沉底……

埃爾很寵愛長子雅姆，他允許雅姆在大海的深淵中興建自己的宮殿，這可是萬神之主才有的權力。這下雅姆野心更大了，卻也引起了巴力的憤怒抗議。巴力的不滿自然逃不過雅姆的眼睛，身為大法官的雅姆決定拿他開刀，給眾神立威以確立自己的地位。一次，就在埃爾召集眾神歡宴時，忽然闖進來兩位橫眉豎目的「法警」，他們是海神派來的使者。

這兩位使者一反常態地不向萬神之父埃爾跪拜行禮，而是昂首挺胸地瞪著在場的神靈。就在眾神均暗自擔心時，使者宣布了大法官的最後通牒：「交出巴力，他將永遠成為雅姆的奴僕，所有的黃金也將被接收！」眾神一聽不由得鬆了口氣，巴力卻氣得七竅生煙，望向父親，可沒想到埃爾卻說：「啊，既然雅姆這孩子都提出要求了，那麼就讓巴力成為他的奴僕好了。供他役使，向他獻祭供奉，直到永遠！」巴力頓時急了，心想：「哪有這麼偏心的糊塗父親！」於是怒從心頭起，惡向膽邊生，掏出一把刀，打算當場殺死兩位使者。這時，巴力的妹妹阿娜特（Anat）和姐姐阿斯塔蒂緊緊拉住他的兩條手臂，勸他暫時忍耐以等待時機。最終巴力被使者押送到雅姆的宮殿中，像奴隸一樣供雅姆驅使。

泥板上的阿斯塔蒂女神像。

羅浮宮中的巴力神像。

就在巴力受苦的時候，阿娜特找到工匠神科塔爾・哈希斯（Kothar-wa-Khasis），請他為巴力鍛造出「追趕者」和「打擊者」這兩隻神錘。巴力拿到神兵利器後，首先用「追趕者」從背後暗算海神雅姆，沒想到大法官雖然遭到重創，卻仍然能夠發起凌厲的反擊。這時科塔爾・哈希斯連忙對著「打擊者」施展法力，否則大法官秋後算帳他也跑不了。兩人合力，這才給了海神的頭顱致命一擊，阿娜特極力鼓動巴力將大法官大卸八塊，以免其日後東山再起。就這樣，巴力成為眾神之王，他首先要做的就是安撫自己定時炸彈一般的妹妹阿娜特。

阿娜特是非常有魅力的一位女神，擁有很多情人，而巴力也是其中之一，但她從來不是誰的妻子，總是獨來獨往。關於她的信仰，遍及美索不達米亞和埃及，她被人們稱為少女神、戰神、獵神，更是腓尼基人的愛情和性愛女神，她的傳說還影響到希臘神話中女神雅典娜的形象。

阿娜特是腓尼基神話中最英勇的女戰士，她以弓箭和利劍殺死了七頭海蛇利維坦，殺死了妖龍，還曾一怒之下搗毀過老爸埃爾的宮殿……就在巴力稱王的時候，阿娜特卻對地上的人類發動了戰爭。她在狩獵時忽然遇到人類的軍隊，於是便「殺盡兩城市之子，殺盡海濱之人，使日出之地的居民蕩然無存」。阿娜特在英雄的鮮血中沐浴，欣賞著那些被自己砍下的頭顱和手臂，四處飛舞。

巴力以向妹妹揭示自然奧祕作為條件，讓阿娜特停止了殺戮。這個自然奧祕就是迦南民族中非常盛行的「自然之聲」之說。後來，《聖經》中曾這樣描繪神發出的自然之聲：「穹蒼傳揚他的手段。這日到那日發出言語；這夜到那夜傳出知識。無言無語，也無聲音可聽。他的聲音通遍天下，他的言語傳到地極。神在其間為太陽安設帳幕；太陽如同新郎出洞房，又如勇士歡然奔跑。他從天這邊出來，繞到天那邊，沒有一物被隱藏不得他的熱氣。」

在迦南諸民族中非常盛行以精神與天地對話，依靠感應自然來揭示諸神以及宇宙構成的至高奧祕。因為在他們的概念中，大自然擁有靈性，它的各個組成部分能以人類可聽懂的語言進行溝通。換而言之，這是統治世界的王者才擁有的智慧和能力。這樣的奧祕自然引起了阿娜特無比濃厚的興趣，她立即同意了巴力停止戰爭殺戮的建議，風塵僕僕地趕到哥哥身邊聆聽知識。巴力設下野味盛宴款待身為獵神的妹妹，還幫她聚攏珍貴的淡水用以沐浴，同時也提出了一個請求：勸說老爸埃爾允許自己興建宮殿。

工匠神科塔爾．哈希斯可以為任何神靈興建宮殿，前提是埃爾同意。但此刻的埃爾因怪罪巴力殺害了海神雅姆，不僅不同意他興建宮殿，還打算讓阿斯塔蒂去討伐巴力。阿娜特聽後跑到老爹面前咆哮了一番，埃爾被這個暴烈的女兒嚇得躲到宮殿深處，提出要讓老伴阿舍拉點頭才行。沒想到阿娜特早已打點好了阿舍拉，他這頭話音剛落，那邊阿舍拉就帶著自己的七十個兒子在門口高喊：「我們大夥都有宮殿了，就巴力沒有！」這下老爸埃爾啞口無言，只好點頭表示同意。巴力終於可以在薩豐山巔修建自己的宮殿了，但他對於宮殿是否留有窗戶而心意不定。一來他怕自己的三個女兒：光明女神皮德拉伊（Pidray）、雨露女神塔拉伊（Tallay）和大地女神阿爾薩伊（Arsay），會從窗戶裡飛出一去不歸，二來他擔心自己的兄弟冥王莫特從窗外溜進宮殿中興風作亂。

巴力最終還是聽從科塔爾．哈希斯的主張，興建了有窗戶的宮殿，這座宮殿以神聖的黃金、白銀和天青石建成。接下來，他所擔心的兩件事全都發生了。光明和雨露從巴力的宮殿中飛出灑向人間，而代表死亡的冥王莫特則不請自來。莫特是巴力的兄弟，迦南民族的不同分支都相信，是這個擁有無窮大嘴巴，能吞噬一切的死神統治著亡者居住的地下世界。在冥界的王城中，莫特將一個無底深淵當作自己的王座。他的食慾堪比曠野中的獅子，或是如大海中的鯨魚一樣，任何靠近他的生靈，都會被他的大嘴巴吸進去而灰飛煙滅。莫特擁有極為強大的力量，甚至遠遠超過了海神雅姆。有研究認為，莫特這個形象是從埃爾身上分離出來的，代表了從誕生到死亡的迴圈。還有些早期的迦南傳說認為是莫特打碎了宇宙之蛋，從而使得日月星辰以及地球本身隨著爆裂而散布在宇宙四方。

從以上這些線索來看，莫特本身就擁有造物主的力量，所以也不難理解為何如巴力這樣偉大的神靈，都會畏懼他的力量了。莫特一直等待著除掉巴力、登上王座的機會，他在進入巴力的宮殿後與之大戰一場。可惜巴力不是莫特的對手，不得不低頭求饒：「我是你的奴僕，永遠是你的奴僕！」另有一說是莫特發出威脅後，巴力派出使者和談，最終不得不親自前往冥府與莫特談判。但無論過程有多少種，結局都是莫特殺死了巴力。

當這消息傳到埃爾耳中時，這位老邁不堪的眾神之王先是從王座上頹然滑到腳凳上，繼而又從腳凳上滑下，癱坐在地上。一連失去兩個兒子的老人萬分悲痛，極度沮喪，他穿上喪服徘徊在森林和山崗，縱使身為造物主，也依然會為失去孩子而痛苦……在天后阿舍拉的勸說下，埃爾指派威嚴的阿特塔爾為眾神之王，但阿特塔爾遠沒有巴力那般魁梧雄壯，他沒有能力坐在薩豐山巔的王座上統治宇宙。阿娜特也萬分悲痛，她在太陽女神沙帕什（Shamash）幫助下闖入冥府質問莫特：「巴力的屍體在哪裡？」莫特宣稱自己已將巴力吞食殆盡，連渣都不剩！聽到冥王對自己犯下的罪行供認不諱，阿娜特也不再客氣。她拔劍將莫特砍成碎塊，又用火烤乾後碾成粉末，撒在大地上任鳥獸啄食。

就在冥王的屍體粉末播於地下的同時，遙遠神殿中正在哭泣的埃爾忽然感到一陣欣慰，這位老父親在夢境中看到天上降下雨水般的香脂，河中流淌著蜜水，一片繁榮富足的景象籠罩了整個宇宙……他恍然大悟：隨著莫特死去，巴力也已復活，饑饉的七年過去，富饒的七年來臨，這就是從死亡到新生生生不息的迴圈！於是造物主笑顏逐開地登上自己的寶座，高聲宣布：「讓我靜靜坐在這裡休息，讓我的心情平靜暢快吧。因為我的兒子巴力已經復活，這片大地終於又有了主宰者！」

阿斯塔蒂和阿多尼斯

由於前文所述的原因，流傳於後世的腓尼基神話，除了源自新月地帶發現的古代詩篇之外，更多的則是由古希臘和古埃及文獻所記載的。希臘、埃及文化與迦太基文化在漫長的交流過程中彼此影響和融合，很多神靈是三者共同承認並各自演繹，後來又在古羅馬時代再度變化的。這種融合的情況非常複雜，不同的腓尼基殖民地對神靈有各自的理解。例如，埃及女神伊西斯（Isis）在比布魯斯被稱為守護女神巴特拉，她照看著整個城邦。她象徵著農作物和人類的繁育，是比布魯斯的土地、神靈和人民共同的母親。但伊西絲在其他迦太基城市並不一定都被視為巴特拉，甚至有的城邦並不認同她。

還有些神靈是真正的「萬人迷」，例如在比布魯斯被稱為「大人」、「老爺」的神靈——阿多尼斯（Adonis），對他的崇拜之情溢出了城邦，傳遍整個地中海世界。關於這位俊美少年的傳說是不同文化交融的典型範例。雖然阿多尼斯的傳說源自黎巴嫩——敘利亞，形成於比布魯斯，但他更廣為人知的事蹟，卻是在傳入希臘後演化成的愛神阿芙蘿黛蒂和阿多尼斯傳說，到了羅馬時代，又變成了維納斯與阿多尼斯的故事，如果不是翻開了腓尼基人的記錄，誰又知道這兩個人物的原型是腓尼基神話中的阿斯塔蒂和阿多尼斯呢！

手持利劍的愛神

剛才提到了阿斯塔蒂與阿芙蘿黛蒂之間的微妙關係，那麼希臘神話中的愛神是否就是迦太基神話中的阿斯塔蒂呢？如果追根溯源，希臘神話中風情萬種的阿芙蘿黛蒂，以及後來羅馬化了的愛神維納斯的前身，還真的是腓尼基人信仰的阿斯塔蒂！但是西頓守護者阿斯塔蒂的身分極為複雜，第一節中我們曾提及她勸阻巴力不要衝動地殺死海神的使者，而且在巴力殺死海神後，老爸埃爾曾考慮過讓阿斯塔蒂去討伐巴力。如果阿斯塔蒂只是一位美麗愛神的話，這些凸顯睿智和武力的故事似乎不大符合她的人設啊……

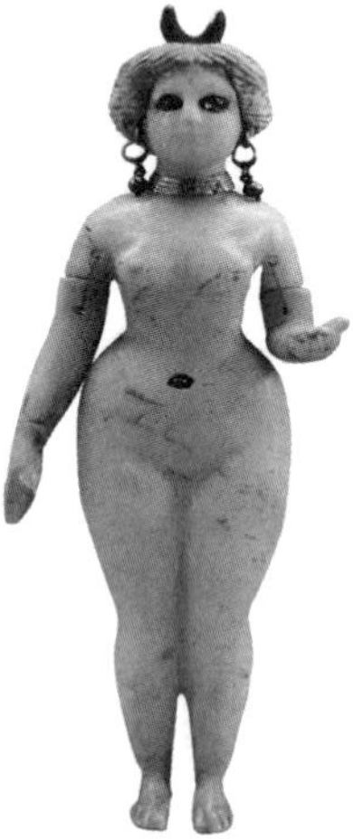

羅浮宮博物館館藏阿斯塔蒂雕像。

這個問題的答案可能會令你感到意外：首先，愛與美的女神阿芙蘿黛蒂絕非花瓶人物，這位女神剛出現在希臘神話中時，可不是捧著鮮花，而是拿著利劍的！

她最初的身分是賽普勒斯島的守護女神和女戰神，在史詩中被稱為「塞浦路斯人」，是從亞細亞渡海而來的腓尼基商船，將阿斯塔蒂的傳說帶到了賽普勒斯，繼而才傳到了希臘的土地上的。阿芙蘿黛蒂的原始海洋屬性後來也反映在愛神生於海中泡沫的傳說中，而希臘史詩的很多祈禱用語也總是提及「給順風的阿芙蘿黛蒂」、「海洋平靜的阿芙蘿黛蒂」、「海港上的阿芙蘿黛蒂」等等，這表明了希臘人對美麗愛神的其他身分心知肚明。

逐漸地，在希臘神話中，阿斯塔蒂先是轉變為海洋和豐收女神阿芙蘿黛蒂，繼而演變成專司情感的女神。而埃及人透過比布魯斯了解到阿斯塔蒂女神之後，也將她與阿娜特的形象糅合後引回國內，移植到嗜血的塞赫麥特（Sekhmet）和溫柔的伊西絲女神等本土神靈身上。

腓尼基人留下的阿斯塔蒂雕像，常常以裸體形象出現，她執掌著生育、性愛和戰爭，她的象徵是獅子、馬和獅身人面像、鴿子以及一顆畫在圓圈內的金星。在腓尼基神話中，阿斯塔蒂的戰士色彩也逐漸減弱，被賦予了更多的產生欲望和愉悅的能力，逐漸向愛神的定位轉變。崇拜阿斯塔蒂女神的主要是腓尼基城市西頓、推羅、迦太基和比布魯斯。而在西頓，她更是被視為城市的守護神，形象出現在鑄幣上；推羅城的傳說則宣稱，阿斯塔蒂女神踩在一顆星星上下凡，並將這星星（隕石）送給推羅人當作禮物；

羅浮宮博物館館藏楔形文字泥板，上面書寫著巴力遇害後阿娜特向埃爾通報凶信的神話故事（一九三三年出土）。

刻著腓尼基文字的坦尼特女神像。

至於在迦太基城，她獲得了與「城市女主人」坦尼特女神同等的尊敬，她們的象徵都是一輪新月；而在比布魯斯，她獲得的尊敬會在以下的神話故事中詳盡闡述，那是一個非常美麗而哀傷的千古愛情絕唱……

沒藥樹之子

美麗的比布魯斯河發源於黎巴嫩峰下的山泉，在腓尼基時代又被稱為阿多尼斯河，而這一切要從沒藥樹的起源開始講起。敘利亞國王辛尼拉斯（Cinyras）有個美麗出眾的女兒密耳拉（Myrrha），王后誇口說自己的女兒比得上所有的女神，尤其是西頓的阿斯塔蒂。阿斯塔蒂是撫慰人類心靈創傷的溫柔女神，她在西頓城照料經治癒之神埃斯穆恩治療過的傷患，與埃斯穆恩和巴力並列，是城邦的守護神。阿斯塔蒂雖然善良仁慈，卻同樣擁有嫉妒自戀的女性情感。當她得知敘利亞王后說出這種瀆神的言論後，一怒之下對密耳拉施下詛咒，讓她愛上了自己的父親辛尼拉斯。可憐的密耳拉陷入不可告人的痛苦情感當中，最後企圖以自殺來解脫。她的乳母心疼公主，於是設計幫助她與父親亂倫。

辛尼拉斯發現中計之後勃然大怒，打算拔劍殺死這個辱沒門風令自己蒙羞的女兒。絕望的密耳拉向諸神呼救，阿斯塔蒂這時也對自己的輕率報復行為感到懊悔，連忙將密耳拉變作一棵沒藥樹，沒藥是古代地中海世界流行的春藥配方之一。變成樹的密耳拉已經懷有身孕，於是沒藥樹的樹皮漸漸隆起。九個月後，阿斯塔蒂在助產女神埃勒提亞（Eileithyia）幫助下，撕開樹皮為沒藥樹接生。從樹皮中生出的男嬰擁有如鮮花一般俊美精緻的五官，令世間所有人與物在他面前都黯然失色，他就是寓意著美麗常與罪惡相伴而生的阿多尼斯。

阿斯塔蒂從看到阿多尼斯的第一眼起，就無法自拔地陷入愛河，為此她還與冥界女神珀耳塞福涅（Persephone）為撫養權發生了爭執。兩位女神各自闡述理由，說明孩子該跟隨自己成長，其實都是出於對他的愛慕。這種情況確實罕見，以至於讓眾神之主大為光火，尤其是阿斯塔蒂曾經拒絕過他的求愛。他最終決定讓兩個女神各撫養阿多尼斯半年，天寒地凍時，阿多尼斯跟隨珀耳塞福涅生活在冥府，春暖花開時，阿多尼斯跟隨阿斯塔蒂生活在人間。但阿多尼斯長大後不喜歡陰冷黑暗的冥界，決定與阿斯塔蒂長相廝守。這下深深刺痛了珀耳塞福涅的心，女神雖然藏起自己的傷口，卻永世不忘報復……

紫紅色的禮物

長大後的阿多尼斯身材魁梧，俊美異常，他對阿斯塔蒂的愛意與日俱增，而阿斯塔蒂對他的愛勝過一切。以往阿斯塔蒂喜歡做的事情，不過是在林中小憩，如今她為愛人精心打扮自己的容貌，用珠寶和衣裙增加自己的風采。阿斯塔蒂陪伴著阿多尼斯在大地上遊蕩，情願追隨這個凡塵少年走遍海角天涯。

一個春日的黃昏，這對情侶正沿著比布魯斯河漫步。他們的愛犬向著前方入海口附近的沙灘狂奔，不一會兒又狂吠著跑回來。阿多尼斯看到狗嘴變得一片紫紅，它叼著一個大大的貝殼，那種紫紅色的汁液似乎來自貝殼。阿斯塔蒂被這種帶著紫色的玫瑰紅深深地迷住，不由得失聲說道：「多美的顏色，就算諸神也沒有這樣的染料！我英俊的阿多尼斯，你要是能送給我一條這種顏色的裙子，我就是天下最幸福的女人了！」

哪怕愛人的心願再小，對阿多尼斯來說也是刻不容緩的命令。於是他把貝殼帶回家，日夜琢磨製作染料的辦法。經過多次努力之後，心思縝密的阿多尼斯終於找到了從貝殼裡獲取紫紅色染料的祕密。於是阿斯塔蒂收到了一條美豔得無法形容的紫紅色長裙，感動不已的女神對愛人許下了永遠相愛的諾言。阿多尼斯也將這個祕密傳授給比布魯斯城的人民，繼而流傳到所有腓尼基人的殖民地。從此腓尼基人以染料聞名於世，他們對聰明的阿多尼斯感恩戴德。

冥界女神的報復

阿斯塔蒂與阿多尼斯的戀情愈甜蜜，冥界女神珀耳塞福涅的心便被戳得愈痛。

終有一天，滿腔的怨恨、心酸和嫉妒讓珀耳塞福涅發狂，她決定報復這對傷害自己的情侶。此時，阿多尼斯像往常一樣打算出門狩獵。阿斯塔蒂忽然產生了強烈的不祥之感，她懇求心愛的少年：「親愛的阿多尼斯，求求你留下來吧，今天不要出去打獵了好嗎？」但阿多尼斯過於自信了，身為凡人的他無法理解神靈的恐懼，最終還是帶著弓箭出門了。就在一片樹林中，阿多尼斯遇見了一頭肥碩壯實如公牛般的野豬，牠的獠牙長得和象牙一般大。這野豬兩眼血紅，噴射著怒火；口中雷鳴，呼出的氣息幾乎燒毀了落葉。野豬沒有給少年任何機會，牠如閃電般衝上來，用獠牙刺穿了阿多尼斯年輕的軀體，鮮血從阿多尼斯的胸口噴出，每一滴血落地後都化成一朵嬌豔的玫瑰花……

當阿斯塔蒂氣喘吁吁地趕到現場時，一切都已經太遲了。可憐的女神只有投向死去戀人的懷抱，緊緊抱著他冰冷的軀體號啕大哭。當她穿過玫瑰叢時，尖刺劃破她的肌膚，女神的血將白玫瑰染成了紅玫瑰。阿斯塔蒂哭乾了眼淚，淚水化成一朵朵銀蓮花。於是阿多尼斯的遇難之地，成為鮮花盛放的花園。從此以後，每年春季的比布魯斯河都會泛起血紅色的波浪，這是河流在提醒人們又到了美少年的遇難之日。迦太基人將此時的河流稱為阿多尼斯河，並確立了「阿多尼斯節」。

每逢這一日期，從黎巴嫩、賽普勒斯到希臘等地，都會有信仰阿多尼斯的信徒展開紀念活動。雖然在不同的國度裡，女神的形象會在阿斯塔蒂和阿芙蘿黛蒂之間轉變，但美少年永遠都是阿多尼斯。迦太基的婦女們會在春季穿上黑色的喪服，藉以向遇難的少年表示哀悼，她們坐在房門前為阿多尼斯哭泣，並且相信每年的這一時刻，阿多尼斯都會遭受一次致命傷，正是他的鮮血染紅了大自然中千千萬萬的花朵……希臘婦女則在盛夏時紀念阿多尼斯，西元前七世紀時，已經有神話故事講述阿芙蘿黛蒂在回答希臘少女該如何悼念阿多尼斯時說道：「撕破妳們的衣服，拍打妳們的胸乳。」

繪製於西元前四一〇年的希臘版的阿斯塔蒂和阿多尼斯故事陶罐畫。

到了西元前五世紀中葉，雅典城中流行在屋頂修建只有女人才能進入的「阿多尼斯的花園」。鍾情於美少年的女子們將各種能夠快速發芽生長的植物種子，如：生菜、茴香、大麥和小麥等等，栽種在小籃子裡的淺底陶器中。地中海夏日的豔陽使得種子發芽後又迅速枯萎，如同阿多尼斯短暫而美麗的一生。於是，雅典的女子們因悲傷而捶胸頓足撕裂衣服，以此哀悼阿多尼斯的死亡和歎息。到了羅馬時代，阿多尼斯的故事是這樣的：這位宇宙四方中最英俊的少年是個魁梧的巨人，雖然他的容貌令世間萬物黯然失色，但他對戀愛沒有絲毫興趣，只喜歡馳騁於山林之間打獵。

有一天，愛神維納斯遇見了阿多尼斯，便立即為少年的容貌所傾倒，她招呼阿多尼斯留步，希望與他交談片刻。沒想到阿多尼斯不願接近異性，一口拒絕了維納斯的好意。看著少年轉身離去，維納斯無法抑制心中的愛火，不得不用法術定住阿多尼斯，向他傾訴戀愛的奇妙。沒想到，無論維納斯如何表白自己的心意，阿多尼斯始終不為所動，他雖然身體不能行動，臉上卻顯露出急欲擺脫對方的神色。維納斯說盡了世間的甜言蜜語，也許諾了無數美好條件，但最終只換來阿多尼斯輕視的眼神。可憐的維納斯大受刺激，竟然暈倒在地上。這下阿多尼斯雖然恢復了自由，卻感到有點內疚，他知道是自己的態度傷害了女神，所以不僅沒有離去，反而耐心地守護著維納斯。

維納斯醒來之後，阿多尼斯誠摯地向她道歉。可當她再度試圖說服阿多尼斯接受自己的愛意時，依舊被無情拒絕。就在此時，維納斯預感到阿多尼斯即將遭遇不幸，便勸他停止狩獵，接受自己陪在他身邊，縱然你不愛我，也

西班牙國家考古博物館館藏腓尼基「加萊拉夫人」像，專家猜測其實就是阿斯塔蒂女神像。

繪製於西元前四三〇年的陶罐畫殘片，描繪了婦女爬梯子到房頂去裝扮「阿多尼斯的花園」。

請允許我守護你吧！阿多尼斯並不相信維納斯的警告，依然選擇獨自離去。結果在第二天的清晨，他果然死於野豬的襲擊。維納斯看見心上人慘死，頓時悲痛欲絕，她痛恨自己身為愛神卻得不到愛情，於是便詛咒世間所有的愛情永遠被猜疑、恐懼及悲痛所滲透……

後來，維納斯懇求冥后讓阿多尼斯每年春天復活與自己歡聚，到秋風蕭瑟之時，他會死去回歸冥府。就這樣，阿多尼斯成為代表春花燦爛的植物之神，直到如今，他的名字在西方依舊是美男子的代稱。阿斯塔蒂（或者是阿芙蘿黛蒂或維納斯）與阿多尼斯的愛情悲劇，激發了一代又一代歐洲作家和畫家的靈感，就連莎士比亞也曾為這對愛侶寫下一首十四行詩《維納斯與阿多尼斯》：

他的熱血浸透了土壤，血泊裡，
一枝紫紅雪白相間的鮮花平地而起，
她低下頭去，
嗅那朵鮮花的幽幽香氣，
把這香氣與他當日呼出的氣息相比。
她說：死亡既然使得她和阿多尼斯陰陽永離，
那麼她的心田就將永讓花朵棲息……

特立獨行的阿娜特

上一節提到了阿斯塔蒂與阿娜特對埃及和希臘神話的影響，這兩位女神在原始迦南神話中都是威風凜凜、殺伐決斷的戰士，很多學術研究認為她們兩個源自同一神話形象，但後期發展路線上截然不同。與逐步走向風情萬種溫柔婉約的愛神阿斯塔蒂比起來，少女神阿娜特保留了更多特立獨行的本色。當腓尼基人走出迦南地帶沿著海洋擴張時，阿娜特也隨著海船抵達異國他鄉，不過這位萬神之父的女兒、偉大的巴力之妹、箭無虛發的獵神、所有少女的保護神，依然出現在腓尼基人的神話裡，她被尊奉為天國和諸神的女主人，威風凜凜地看護著所有善良之神。

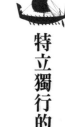

充滿膻味的女神殿

在關於阿娜特的古代詩篇中，首先提及的就是篝火旁的盛宴，以及充滿腥膻味道的宮殿，這並不是說女神不愛洗澡，而是為了彰顯阿娜特的獵神身分。在關於巴力和阿娜特關係的神話中，巴力自己享用盛宴和款待阿娜特時，有著微妙的不同。巴力在慶祝自己登上王座時招攬諸神一同歡宴，他享用著獻祭的烤肉，並暢飲美酒。所用的肉都用利刃割取自牲畜最肥嫩的部位，而美酒則是「他們取來千罈美酒，（兌水）混成萬罈佳飲」。到了描述巴力專門為阿娜特所設宴會時，則在提及菜式有烤牛肉和鮮美的羔羊之外，還專門提及「由於她（阿娜特）的歡愉，野味日益增多」。正因為阿娜特是狩獵和豐饒的主宰者，所以才會有如此的特別描寫。

在參加宴會之前，風塵僕僕的阿娜特還專門「以地上的沃土，以天宇降下的露水，以星辰降下的雨水」，洗了個痛快澡。這表示人家住的地方腥羶味重，其實是因為職業所致，其實阿娜特是很注重個人衛生的。與所有的原始人群一樣，在迦南民族文明初現的蒙昧時期，爐灶中的火焰意味著溫暖的、受保護的家庭與充裕的食物來源，而這一切又必須依賴狩獵這種危險性極大的活動。早期原始部落中的狩獵任務，基本上都由男子承擔，獵人們一方面要保護自己的女人和孩子，一方面要面對並戰勝凶猛的野獸，同時還要承受因為狩獵殺戮引起的負罪感，以及狩獵遇挫時的心理焦慮。

在這種情況下，逐漸產生了獵神的形象，以滿足獵人們出發前尋求精神慰藉的需求。說到這裡，可能有的讀者會覺得奇怪，既然狩獵明顯是由男子承擔的工作，為何會選擇一位女神來做守護神呢？有研究認為，這是因為獵人們已經意識到自己從事殺戮是為了維繫族群的生存，當時的原始人群將女性視為新生命的源泉，阿娜特代表的青春勃發、有活力和繁育能力的少女，維繫著部落的延續，這個功能肯定不可能由被視為「消耗品」的男性獵人來實現。

於是阿娜特的形象出現後，隨即成為獵人們敬畏的偶像，她要求源源不斷的獵物供品，繼而產生了女神渴望鮮血的神話。隨著原始文明的發展，私有制和戰爭出現後，阿娜特也就順理成章地從獵神過渡成為戰神了。

阿娜特在埃及神話中的形象，她手持盾牌、長矛和戰斧守護著拉神。

嗜血的女戰士

在腓尼基神話裡，所有關於神靈的凶殘描寫中，如果說阿娜特排名第二，恐怕連死神莫特都不敢拍著胸脯說自己是冠軍……

正如前面所述，阿娜特曾經在狩獵途中偶然遇到人類軍隊，就對他們展開了大屠殺。對於她而言，人類似乎也不過是一種獵物而已。那些「殺盡兩城市之子，殺盡海濱之人，使日出之地的居民蕩然無存」的描述，可能讓讀者以為阿娜特對兩個城市展開了襲擊，其實這是古代詩篇所使用的一種比喻手法，這段文字真正描述的是她對整個人類大屠殺。在腓尼基人的傳說中，這種危機堪比埃及神話中賽特麥克女神的大屠殺計畫，或者聖經故事裡的大洪水，都對人類構成了滅絕性威脅。

不過為何阿娜特會如此喪心病狂地要滅絕人類呢？神話故事是這樣解釋的：阿娜特在野外狩獵時與人類軍隊相遇，對方並沒有意識到她是女神，因而有了不敬之舉，於是她氣呼呼地大開殺戒。不止如此，阿娜特完成狩獵返回時，竟然發現自己的宮殿被一群人類的不速之客占據了！面對這種情況，換成誰都會生氣，更何況是這位嗜血任性的少女戰神？相較於埃及神話中的塞赫麥特，阿娜特的行為似乎更顯得殘暴瘋狂：「在她下方，人頭像鳥一般紛飛；在她上方，人手像蝗蟲一樣紛飛。」這裡提到的上方和下方，指的是上下左右，在古代地中海世界的戰爭中，有砍下人頭和人手記功的習俗，所以才會有這種詭異又恐怖的描寫。

阿娜特在戰場上以棍棒和弓箭勇猛搏鬥，「英雄的鮮血漫過她的膝蓋，敵軍那黑紅的濃血漫到她的頸部」，而阿娜特則欣喜異常，乾脆開始在血中沐浴！而屠殺也並未停止：「她猛烈地戰鬥，與兩城邦之子廝殺。把椅子擲向敵軍，把桌子擲向敵軍，把腳凳擲向敵軍。」這種類似酒吧間鬥毆的混戰場景並不是為了搞笑，而是在描述阿娜特作戰方式的殘酷，她像一隻有耐心的貓一樣，將整窩老鼠逐一殺戮殆盡。後來這段描寫被荷馬史詩《奧德賽》全盤搬去，讓奧德修斯在驅逐占據自己宮廷的求婚者時，按照阿娜特的故事重演了一番……

阿娜特這位凶殘的神靈就這樣遷怒於所有人類，對凡塵宣戰，展開了大屠殺。毫無疑問她獲得了壓倒性勝利，並且因為殺戮而欣喜若狂：「她一面激戰，一面端詳；她一面屠殺，一面端詳。阿娜特的肝臟因狂笑而發脹，因為她已經勝利在望……」但巴力卻坐不住了。如果任憑妹妹把人類屠殺殆盡，那麼他這個地球的主宰也差不多完蛋了，自己總不能去和莫特競爭冥王之位吧？於是巴力派出使者向阿娜特提出停戰建議。阿娜特早已預料到哥哥的建議將會對自己不利，於是憤怒地質問使者：「古潘和烏伽爾為何來到這裡？是什麼樣的對手反對巴力，什麼樣的仇敵反對行於雲上的神靈？」在使者還未來得及回答時，阿娜特便歷數自己為哥哥建立的功績：

難道不是我殺死了埃爾心愛的雅姆？
難道不是我殺死了河神？
難道不是我殺死了妖龍？
難道不是我戰勝了狡詐的七頭怪蛇利維坦？
我還擊敗了地神們心愛的冥王莫特！

使者們生怕氣呼呼的女神一怒之下把自己也殺了，連忙做出聲明：「沒人反對巴力，沒人反對行於雲上的神靈！」他們接著轉達了巴力的話：「趕緊埋葬戰場上的敵意，在大地上舉行和平的獻祭。老妹啊，可別再打架了！」阿娜特怒道：「憑啥不讓我再殺人了？巴力能給我什麼補償？」使者們趕緊把剩下的話告訴她：

讓你的雙足向我奔來，
讓你的雙腿向我趕來。
我這裡有你需要的話語，
它們可以向你顯示自然的奧祕：
樹木的低語和岩石的絮語，
從天宇傳向大地的聲音，
從無底的深淵傳向星辰的迴響。
我知道的奧祕，諸神卻不知曉；
我知道的話語，世人卻不明了。
請你來臨，讓我向你宣示這一切。
請你蒞臨我的山中，薩豐之神的山中；

請你蒞臨聖地，我所承襲的山中；
請你蒞臨福地，我所執掌的山崗。

接下來的事情，我們已經在「繼承者們」這一節講過了。正是巴力勸阻了瘋狂的阿娜特，從而拯救了整個世界。

任性的少女神

在前文中，我們曾提及阿娜特與巴力的曖昧關係，在不同時期的迦南和腓尼基神話中，阿娜特的角色曾多次轉換，但她從沒有被正式視為巴力的妻子，這一角色一般由巴力的姐姐阿斯塔蒂所扮演。阿娜特的情感生活很豐富，卻從不是誰的妻子，以至於她有了一個少女（獨身）神的身分，這在迦太基神話中也顯得獨樹一格。不過，所有關於她的傳說有一個共同屬性，那就是阿娜特這位少女神的處事方式非常情緒化、我行我素、任性妄為，卻也顯露出無比真實的人性。在一則傳說中，巴力曾化作巨大公牛，與阿斯塔蒂化作的巨大母牛在野外行樂，並生下了一頭神聖的牛犢。

當巴力被莫特殺害後，阿娜特哭泣著來到埃爾的宮殿，這位桀驁不馴的女神一改平時的囂張作風，向父親深深鞠躬，說：「非常強大的巴力已經死了，您的王子和地球之王已經死了……」阿娜特走遍四方，找回了那頭神聖的牛犢，並將牠帶到巴力的薩豐山宮殿之中（一說這牛犢就代表著巴力的屍體，另一說認為巴力會借助牛犢而重生）。接著，阿娜特又設法找到了巴力的屍體，她將死去的哥哥運回薩豐山之巔隆重安葬，並伴以豐厚的獻祭。當這一切都完成後，她來到埃爾和阿舍拉的住所外，提高嗓音宣洩自己的情緒：「讓阿舍拉和她的兒子們高興去吧！讓女神和她的後裔高興去吧！因為巴力已經亡故，大地的統治者、世界的主宰已經亡故了！」

接下來，就發生了那個快意恩仇的阿娜特，手刃莫特為哥哥復仇的著名故事。在關於阿娜特的傳說中，還有一個她與猶太王子阿格哈特的恩怨故事。據說工匠神科塔爾．哈希斯為阿娜特打造了一張神弓，卻又臨時改主意，送給了凡人少年阿格哈特做生日禮物。身為獵神的阿娜特對神弓有著無法抑制的渴望，於是找到阿格哈特，軟硬兼施地試圖弄到這張神弓。讓阿娜特大為光火的是，無論她提出什麼條件，阿格哈特都不願意答應，甚至在阿娜特拋出賜予阿格哈特永生這種誘惑時，對方居然回答說，衰老和死亡是人類的宿命，因此他不接受永生。就在阿娜特因這一答覆吃驚的時候，對方又補了一句火上澆油的嘲諷：「妳身為一個女人，要弓箭有什麼用？」

對主宰著狩獵、戰爭、野蠻等領域的神靈說出要弓箭有何用這句話，無疑是極為嚴重的羞辱。但阿娜特一反常態，沒有當場殺了阿格哈特，也許是因為不屑於與凡人搶奪，她只是氣呼呼地找到埃爾抱怨，要求父親允許自己報復那個渾小子。在徵得埃爾同意後，阿娜特精心策畫了一次有如神偷般的行動。她化為一隻蒼鷹，去衝撞阿格哈特的隨從雅坦，當雅坦被撞到主人身上時，蒼鷹伸出爪子偷走了那張神弓。計畫執行得很順利卻不完美，雅坦一不小心把阿格哈特給撞死了！埃爾只答應阿娜特懲罰阿格哈特，可沒同意她殺人，於是他責備阿娜特惱羞成怒，遷怒於雅坦，還不小心讓神弓掉進了海裡，這下一無所獲，徹底失敗了……

阿娜特是個與阿斯塔蒂一樣，是受到多民族崇拜的女神，除了透過賽普勒斯傳入希臘，成為雅典娜女神的原型之外，阿娜特的形象還在第十六王朝時期，隨著西亞的西克索人（Hyksos）一同進入埃及，很快就與阿斯塔蒂一起，作為拉神的女兒出現在埃及神話裡。她手持盾牌、長矛和戰斧守護著拉神，共同抵禦混沌力量的入侵。後來她現身於荷魯斯和塞赫的爭鬥故事中，並且成為賽特的盟友和妻子。當塞赫因為犯罪而受詛咒中毒時，阿娜特如同在腓尼基神話中所做的那樣，找到拉神咆哮威脅了一番，最

大英博物館中一個有趣的浮雕，中央的女神被稱為天堂之女，學者猜測這可能是埃及人眼中的少女神阿娜特。

終迫使拉神下令由伊西斯治好了塞赫。

隨著時間的推移，阿娜特在埃及擁有了自己的神廟，尤其是孟斐斯神學興起後，阿娜特作為普塔神的女兒受到廣泛崇拜。直到埃及的新王國時期，阿娜特有了一位身為法老的超級粉絲——偉大的拉美西斯二世。拉美西斯二世將阿蒙神和阿娜特視為自己的兩位守護神，他為自己的女兒取名為「阿娜特之女」，他為自己的愛犬取名為「阿娜特力量」，他為自己的戰馬取名為「阿娜特之速」，最後還乾脆娶了自己的女兒「阿娜特之女」……

拉美西斯二世和阿娜特女神坐像。

巴力的善與惡——

一座巨大的神像聳立在迦太基城中，用蘆薈、雪松、月桂點燃的火堆在神像兩腿之間熊熊燃起。神像長翅膀的尖端插在火焰之中，抹在身上的香脂像汗水一樣順著青銅的四肢流淌下來。腳踏著圓石板，裹在黑紗裡的童男童女圍成一圈，一動不動，神像長得出奇的胳膊直垂到他們頭上，彷彿要用雙手抓住這頂「王冠」帶上天去。

披著絳紅色斗篷的摩洛神祭司引吭高唱：「向你致敬，太陽！陰陽兩界的君王，一切的創造者，父與母，父與子，神與女神，女神與神！」

祭司們的歌聲伴隨著震耳欲聾的琴聲、鈴聲、鼓聲和號角聲，這些喧囂掩蓋了孩子們的哭喊。

神廟奴隸們用一根長鉤拉開神像身上的七層格子，在最高的一層裝入麵粉，在第二層放上兩隻斑鳩，在第三層放上一隻猴子，在第四層放上一頭公羊，在第五層放上一頭母羊，到了第六層，因為沒有公牛，只好把一張公牛皮放進去。第七層空著，像是張著黑洞洞的大口的魔王。

漸漸地人們進來了，他們將珍珠、金瓶、酒杯、燭檯扔進火裡。祭品愈來愈貴重，品種繁多。最後，有個人搖搖晃晃地走進來，他的臉因恐怖而變得極度蒼白醜陋——這人把一個孩子推入火中！

於是祭司們一邊俯身於大圓石板邊，一邊唱起慶祝死亡歡樂和永恆復活的讚歌。

摩洛神的祭司將手擱在孩子頭上，以便把迦太基人的罪惡加諸這祭品。祭司大吼道：「這不是人，是奉獻給摩洛的牛！」

周圍的人應聲答道：「是牛，是牛！主啊，吃吧！」

神廟的奴隸們拉動青銅鎖鏈，神像的手臂緩緩升起，將大圓石板舉到第七層格子。作為祭品的童男童女剛到洞口就像水滴掉到燒紅的鐵板上一樣消失了，一股白煙在一片火紅中升起……

日落了，火堆不再冒出火焰，只剩下堆積到神像膝蓋位置的金字塔形炭灰。暮色中的神像頭頂堆積著煙雲，它渾身通紅，好像一個滿身血汙的巨人……

西元前四世紀，著名的《抱孩子的祭司》石碑。

以上是法國作家古斯塔夫·福樓拜（Gustave Flaubert）於一八六二年出版的歷史小說《薩朗波》（*Salammbô*）中的片段，經過刪減後仍讓人毛骨悚然。雖然這血腥的場面並非古代歷史，卻產生了極其巨大的渲染作用，殘暴嗜血幾乎成為大眾文化對腓尼基神靈的第一印象，以至於至今迦太基城遺址中的布匿大聖殿所在區域仍被通俗地稱為「薩朗波」區。

然而，腓尼基神話中並沒有所謂的摩洛神（Moloch），德國學者奧托·埃斯菲爾德在他著名的《摩洛神的終結》一書中指明，腓尼基語中「摩洛」一詞的意思是捐贈或獻祭。福樓拜並不清楚其真正含義，他根據歐洲人傳統中的模糊認識杜撰出了這個不存在的摩洛神。雖然摩洛神是個編出來的假貨，但歷史上關於腓尼基人建造巨大青銅神像，設置火焰祭壇乃至焚燒兒童，的確是有相關文獻記錄的，而這個「凶手」只有一個，那就是腓尼基的神靈巴力。

迦太基的守護神

巴力是一個古老的美索不達米亞神靈，出自閃米特人之手，「巴力」一詞的閃米特語含義為「主人」「夫君」。這位神靈的形象誕生於五千年前，在閃米特傳說中他是眾神之父埃爾的兒子，常常以石柱或公牛的形象示人，並很快擁有了多種「跨界」身分——他是太陽神，還操縱雷電；他是生殖之神，又掌管復活；他是小麥之神，也能馴化牲畜……聽起來巴力似乎是無所不能，按照現在的說法，簡直是一位「外掛全開」的神二代。甚至他與自己的妻子（同時也是他的姐姐）阿斯塔蒂同房，都被視為是在造福大地，閃米特人相信給世界帶來生機的雨水正因此而生。

不過巴力並不總是含情脈脈的，每當地平線上掀起風暴，電閃雷鳴之時，那就是他發怒的象徵。為了平息巴力的怒火，閃米特人會舉行各種祭祀儀式祈求神靈原諒。巴力是巴勒斯坦地區的主神，後來又被亞述人信仰，更隨著閃米特人的分化沿著地中海傳播。

到了腓尼基人時代，他們信仰的巴力與埃及神話中的拉神類似，在不同區域出現了很多冠名為巴力的複合型神靈，有著與埃及神話中哈蒙．拉類似的融合性分身。例如，天空之神巴力．沙曼、太陽神巴力．拜克，以及被福樓拜命名為「摩洛」的那位迦太基城守護者巴力．哈蒙。

巴力．哈蒙並非迦太基城特有的信仰，在幾乎包括今天的敘利亞、黎巴嫩、約旦、以色列、巴勒斯坦和埃及西奈半島在內的所謂「日出之地」黎凡特地區內，這位巴力．哈蒙都是廣大腓尼基同胞崇拜的偉大神靈。

西元前十四世紀至西元前十二世紀的腓尼基人製作的巴力銅像。

祭司們建議信徒可以在日常生活中親暱地稱呼巴力．哈蒙為「主」，但在正式的祈禱中，則要說出他的頭銜：「令人生畏的烈焰之主、仁慈的芳香祭壇之主、聖殿和神廟之主」，以及「我們的保護者」。與閃米特先民時代一樣，腓尼基人認為巴力．哈蒙也有一位妻子，她就是被稱為「巴力之面」的坦尼特女神。

坦尼特是一位地位與丈夫不相上下的女神，之所以稱她為「巴力之面」，並不是說坦尼特是丈夫巴力的臉面，而是指她站在巴力對面，也就是和巴力平起平坐的意思。在腓尼基人留下的宗教石刻中，有一種特殊的「坦尼特標誌」，用非常抽象的線條圖形來表現坦尼特女神，其身軀部分簡化為一個等邊梯形，上半身則是一個高舉火炬的女性形象。

巴力・哈蒙則往往被簡化為一輪新月。相對於「哈蒙」這個詞中隱含的炎熱、燃燒之意，新月倒是個比較令人意外的標誌物。這兩個標誌常常出現在腓尼基遺跡的石碑上，除了一般的墓地之外，在敬奉主神夫婦的陀斐特（Tophet）聖殿——獻祭之地，也出現過更多。

陀斐特聖殿的悲慘傳聞

二十世紀二〇年代，迦太基遺址中的一座聖殿被命名為陀斐特。此地的石碑上刻著坦尼特標誌，巴力・哈蒙（Baal Hammon）和坦尼特夫婦以這座城市的男女保護者和監護人的形象出現，尤其是坦尼特，被迦太基城的居民敬愛地稱為「迦太基夫人」。本節開頭部分《薩朗波》小說片段所描寫的，正是在這座聖殿中舉行的可怕祭祀。福樓拜的作品甫一問世便引起巨大的迴響，尤其是描寫殘酷的兒童獻祭

帶有希臘化風格的巴力・哈蒙神像。

非常類似埃及賽特麥克女神的母獅頭坦尼特女神像，這是腓尼基文化受到埃及文化影響的例證。

儀式的「摩洛」一章，更是激起學術界和批評家的強烈反對。法國文壇著名的批評家聖伯夫（Charles-Augustin Sainte-Beuve）曾如此評價福樓拜：「他拿起筆桿子猶如手術刀。」《薩朗波》中那些讓讀者難以承受的描寫，也讓聖伯夫忍無可忍，他率先指責此小說內容荒誕不經，缺乏有效的史料證據。在聖伯夫眼中，福樓拜失去了自己的手術刀，成為一個「專食汙物的人」。

但福樓拜的粉絲則抗議並表示，作家為了撰寫小說曾親自前往迦太基遺址考察，還閱讀了有關書目一千五百多卷，所以這部作品經得起時間的考驗。不久後供職於法國羅浮宮的學者弗洛內也加入批評者行列中，他指出，正是由於福樓拜參考了大量古希臘與羅馬時代的文獻，所以才會被這些迦太基的敵人撰寫的宣傳性文章誤導，尤其是被古希臘時期狄奧多羅斯的文章給騙了……

西元一八六二年出版的《薩朗波》表現月神祭祀遊行的插圖。

西西里的狄奧多羅斯是西元前一世紀的希臘學者，他所處的時代正是古羅馬摧毀迦太基後不久。為了顯示這個曾經與古希臘和羅馬爭奪地中海霸權的敵對民族之邪惡，狄奧多羅斯記載了這樣一個故事：西元前三一〇年，為了爭奪西西里的控制權，西西里島上的希臘城邦霸主——敘拉古僭主阿加托克利斯，率軍登陸北非，兵臨迦太基城下。

由於敘拉古軍隊中裝備了一種能將二十六公斤重的石塊拋射到三百公尺外的大型弩炮，所以迦太基的城牆不再是堅不可摧的屏障。驚慌失措的迦太基人為向諸神贖罪而舉行祭祀，特別是向拋棄了他們的主神克洛諾斯（Chronos）祈求寬恕。這個克洛諾斯是希臘神話中第二代的領袖，他是宙斯等第三代神界領導人的父親。說到這裡大家會覺得奇怪，為何迦太基人要向希臘大神求救呢？

這是因為古希臘人在習慣上認為其他民族信仰的神靈也都是希臘諸神，只是因為文化不同而使用了不同的名字。這個克洛諾斯正是腓尼基神話中的巴力，因為他們都是吞吃嬰兒、嗜食童血的惡神。

在狄奧多羅斯筆下，迦太基人選擇了二百個富貴之家的兒童作為國家祭品，同時還有三百名自願獻身的平民孩子，而整個祭奠儀式更是充滿了黑暗……迦太基城中有座中空的巴力·哈蒙青銅神像，神像俯身朝向大地，雙臂向前伸出，手心向上好讓祭品站立，手下面有一個大火坑。當祭祀儀式開始後，祭司們將火坑中堆滿的香料和木柴點燃，數里之外都能見到火光沖天而起。而祭品們則被趕到銅像手心上，奴隸們用力拉下機關，巴力・哈蒙的手就會翻轉，站在上面身穿黑衣的童男童女便滾落到火坑裡被活活燒死。

整個祭祀活動不僅是燒死兒童這麼簡單，狄奧多羅斯還如此寫道：「對克洛諾斯（巴力・哈蒙）的崇拜讓迦太基人陷入狂熱，城中的男女老少看著一個個活人被丟進火焰中，興奮得無以復加。當祭司們吩咐奴隸將犧牲者的骨灰撒向圍觀者時，這些如癡如醉欣喜若狂的迦太基人便掏出匕首彼此刺殺，死者的屍體同樣也被丟入火中獻祭給神靈……」

最終這場血腥祭祀以近千人喪命而告終，當時人們認為，也許這種犧牲真的打動了神靈的心，三年後迦太基與敘拉古簽訂合約，結束了戰爭。除了狄奧多羅斯，其他古希臘學者也曾記錄過類似的獻祭活動，西元前三世紀的哲學家克來塔卡斯（Clitarco）這樣描述可怕的獻祭場景：「當孩子們被火焰吞噬時，他們的肢體蜷縮著，他們那張開的嘴巴看起來彷彿在笑。」

按照西元一世紀時希臘作家普魯塔克（Plutarchus）在「論迷信」一文中的記載，迦太基的富有人家會買來兒童，代替自己的親骨肉，為了防止被買兒童的父母因為悲痛而露餡，雙方會約定，如果他們在獻祭時哭泣號叫，就得把錢退還給買主。普魯塔克也特別指出，祭司們會在獻祭區域高聲奏樂，以掩蓋被獻祭者的尖叫。

到了近現代，就算是對迦太基文明持負面態度的研究者，也認為古希臘學者留下的描寫過於誇張了。「陀斐特」這個詞源自《舊約聖經》中提及的一處地名，據說是背棄上帝的異端猶太人焚燒自己的兒女獻祭給邪神的地點。

西元十二世紀時歐洲的《聖經》印刷者在評注《舊約》時，曾經揣測陀斐特是耶路撒冷附近的一處高地，猶太人在此處將自己的親骨肉投入火中，獻祭給邪神摩洛。陀斐特是希伯來語中形容獻祭時搖鈴敲鼓奏樂的詞，在舉行這種邪門儀式時，祭司會搞得「鑼鼓喧天，鞭炮齊鳴」，讓父親們聽不見孩子的哭聲，也就無法良心發現，從祭司手中奪回自己的骨肉了。

巴力．哈蒙與坦尼特女神的符號一同出現在古石碑上。

關於陀斐特的故事並不是奇聞，整個環地中海地區至少在六千年之前，就已經出現面臨嚴重災難時，獻祭長子以平息神靈怒火的做法，《舊約聖經》都提到，上帝為了測試亞伯拉罕（Abraham）的信念，曾假意命令他向自己獻祭兒子。腓尼基神話中，巴力的父親埃爾曾獻出了自己的兒子尤德以拯救世界，所以早期的部落中也有將首領的兒子獻祭給巴力或者埃爾，以挽救嚴重危機的做法。但是這種情況一般是特例，而非常態。正如聖經故事中亞伯拉罕在通過上帝的考驗後，獲准用一頭羊作為祭品來代替他的兒子以撒（Isaac），在大多數情況下，腓尼基人也一樣使用動物祭品來代替人類兒童獻祭給巴力。據目前考古挖掘結果來看，這些倒楣的「替死鬼」包括野鴨野鵝、綿羊、山羊、牛，有些時候還有孩子的玩具和人類的頭髮。學者們普遍認為，到西元前七世紀時，腓尼基人基本上已經不再進行這類獻祭活動了。

巴力庇護信徒的帳單

類似陀斐特聖殿這樣祭祀巴力·哈蒙和坦尼特的神廟，在其他腓尼基城市中同樣存在，考古證據清楚地說明，這些神廟對於腓尼基人而言，意味著名望和榮耀，因為只有那些實力足夠強大的大型殖民點，才有能力興建這種取悅巴力的建築。宗教儀式在腓尼基人的民族認同感中占據著中心位置，不同的殖民地和城邦之間，依靠類似的祭祀巴力的宗教儀式來維持文化上的聯繫，也為奴隸主貴族集團在政治和思想上控制公民提供了一個重要手段。

與發源自美索不達米亞的大多數文明一樣，神廟也是腓尼基城邦中最具權威和財力的居民自治機構，控制神廟的大祭司都出身於菁英階層，保證了宗教與世俗權力的協調統一。但當神權過分威脅到君權時便會引發激烈衝突，腓尼基城市的君王們不止一次發動宗教改革樹立新的神靈信仰，但這些神靈往往還是要冠以巴力的名號才能說服百姓。

對於腓尼基城市而言，巴力是國家的庇護者，他用迅雷和風暴將渡海而來的希臘、羅馬敵軍埋葬於地中海中。對於腓尼基百姓而言，巴力是誕生和復活的掌控者，腓尼基人對來世的渴望都寄託在巴力仁慈的護佑上面。要按照宗教規矩完成所有流程，萬萬離不開祭司的指導幫助。萬幸腓尼基的城市中都建有神廟，有一套完整的宗教信條，來傳達腓尼基市民從生到死的所有精神訴求。

迦太基城的陀斐特聖殿被一代代考古學者嚴重破壞，以至於無法重建。不過地中海西部薩丁尼亞海岸蘇爾其斯一處類似的聖殿，被完好地保存下來可供參照。這座聖殿呈堡壘形狀，用當地大塊火山岩壘成，有著巨型長方形圍牆，除了宗教建築之外，還有大蓄水池和避難所，顯然是附近居民在動亂時期避難之處。

腓尼基的神廟雇有大批專職工作人員，如書吏、歌手、樂師、聖火侍役和屠夫，還有特殊職業者，如廟妓，她們在神廟賣淫並將賣身收入奉獻給神廟，理髮師則專門為那些自願將自己的頭髮作為禮物奉獻給神靈的信徒服務。除此之外，還有神廟奴隸可供驅使，這些人力資源確保了宗教儀式能夠正常進行。

腓尼基人是重商主義者，祭司們在為信徒服務時公開費用，將獻祭儀式收費標準公之於眾。雖然這種處理方式略顯世俗，但公平公道、童叟無欺。考古發掘結果顯示，獻祭者的消費水準差距很大。有獻上牲畜的平民；有獻出珠寶的富豪；有的會牽來肥壯的公牛，讓神廟裡的屠夫和祭司忙了好一陣；有的只能湊出一對野鴨，這會讓奴隸們都瞧不起……但所有的獻祭者都是仰仗巴力大神庇護的信徒，會得到同樣的尊重，卻享受不到同等的服務。至於免費，神職人員也要吃飯的，所以沒辦法。

腓尼基的祭司們為相關服務擬定了不同的價位，不僅保障為數眾多的祭司和神廟工作人員的生計，對獻祭者權益也有一定程度的保護措施。膽敢亂收費的祭司將會被課以罰金，但獻祭者也要乖乖接受神廟遞上的收費標準，不得過分砍價，這可是巴力的帳單！

一九二一年，著名的「抱孩子的祭司」石碑被盜掘出土。正是透過這個石碑，人們確定了陀斐特聖殿的準確位置。石碑上清楚地顯示出，當時的祭司穿著透明的優雅長袍，懷抱著一個嬰兒走向祭壇，加上在聖殿中發掘出了數千個人類骨灰甕，說明這裡的確曾發生過大規模獻祭兒童的事情。但古希臘時代以來，關於巴力或者說是巴力信仰的善惡爭論不但沒有就此停止，反而掀起了糾纏至今的巨大風波……

中世紀版畫中所表現的猶太人陀斐特獻祭儀式。

一九二〇年代，突尼斯還是法國的保護領地。弗朗索瓦．伊卡德和保羅吉利這兩位閒得發慌的法國政府小職員，被派遣到突尼斯出差。他們發現一個推銷突尼斯古代文物的傢伙手上有個不得了的好貨。這個不法之徒展示一塊精美的迦太基石碑，上面雕刻著一個身穿寬大外衣、頭戴祭司頭飾的男人，男人的右手舉起做禱告狀，左手輕輕抱著一個用布包裹著的嬰兒，銘文中鑿有幾個腓尼基字母：「MLK」。這兩個法國人懷疑這個文物小販，發現了傳說中迦太基人舉行童祭儀式之地，於是一對法國版的《福爾摩斯和華生》跟蹤目標，發現了距離迦太基城矩形海港舊址不遠處的石碑出土地點。

他倆立刻找到這片土地的主人，像動畫片《漁童》裡的傳教士那樣說道：「老頭，魚盆是我的……」既然洋大人金口玉言表了態，地主只好乖乖把這片荒地轉手賣給他們。弗朗索瓦．伊卡德和保羅．吉利立刻找來人手開始挖掘，出土的每份祭品中，都有一塊刻著致巴力．哈蒙和坦尼特頌詞的石碑，通常還附有一只盛放骨骼和骨灰的赤陶甕，有時甕裡還裝著珠寶和護身符。透過對甕裡裝的東西進行分析後，確定這些都是幼童的骨灰，這就是陀斐特聖殿的發現過程。

自從這座聖殿被發現以後，關於巴力．哈蒙的祭祀爭論，便如同潘朵拉魔盒一般被打開了。傳統派學者們信任希臘和羅馬古籍的權威性，他們都是秉持「迦太基是殘忍的」態度的。一看發掘出數千個兒童骨灰甕不由得拍手稱快，紛紛表示：「你們看看，你們看看，什麼叫作鐵證如山！」我們早就就知道《薩朗波》是偉大的小說，狄奧多羅斯的記載都是對的！可是總有些喜歡唱反調的現代派學者站出來反駁：「不要妄下結論！你們能斷定這些孩子是活生生被燒死的，還是死後火化的嗎？」

唱反調的領軍人物是在陀斐特發現初期，親自參與現場發掘的歷史學家夏爾·索瑪，他投書媒體為巴力·哈蒙的「清白」疾呼：「福樓拜的恐怖故事糾纏著公眾的想像力，使得祭壇現場發掘儀式變得戲劇化。人們失去了科學考證的理性，草率地斷定這些孩子就是迦太基人殘酷祭祀摩洛（巴力）神的犧牲品。」夏爾·索瑪認為，輕率地認定兒童骨灰甕的由來是非常危險魯莽的，這樣會使得腓尼基宗教失去經由歷史學家之手得以正名的機會。

這位歷史學家及其支持者們指出了一個不容忽視的現象，腓尼基人的墓地中極少見到新生兒的墳墓，基於當時高達百分之四十左右的嬰兒夭折率，這一現象非常奇怪。那麼，在陀斐特被焚燒的，是否其實是這些不幸夭折的孩子，或是流產的胎兒呢？對現場骨灰的分析結果顯示，這些孩子中的絕大多數年齡都在幾個月以下，這強烈暗示了他們屬於自然死亡。

腓尼基的傳統觀念認為，這些未成年者是社會的邊緣人物。所以將通常位於城市的邊緣之地的陀斐特類聖殿作為他們的埋骨之地，是否是合乎邏輯的選擇呢？更進一步聯想，所謂

「摩洛」儀式未必就是獻祭，更有可能是將這些夭折的孩子透過聖火引薦給巴力・哈蒙和坦尼特，使他們的靈魂得以永生。傳統派被這種離經叛道的想法激怒了，他們指出，迦太基人的陀斐特聖殿，至少從西元前八世紀中期起就已經投入使用了。西元前六百年之前的那些骨灰的確絕大多數是新生兒的，但西元前三世紀以後，甕中埋葬的多為一歲到三歲之間的兒童骨灰。有些甕中混合裝著兩三個孩子的骨灰，這些骨灰大多屬於一個四歲左右的孩子加一兩個新生兒和嬰兒，這種年齡差距更可能意味著一個家庭獻出了自己的幾個孩子。

傳統派還使出一個撒手鐧來力壓反對派：在迦太基城陀斐特聖殿出土的石碑銘文中經常刻著「BNT」或「BT」字樣，這些腓尼基字母的含義是這些孩子是獻祭者的親骨肉。例如一個石碑上的文字為：「漢諾之子，米爾基亞索恩之孫波米爾卡在此起誓，獻給『巴力之面』坦尼特女士與巴力・哈蒙的是他的親生兒子。願您賜福於他！」傳統派學者認為迦太基人不是善戰的民族，這些商人依靠雇傭軍作戰，一旦戰事不利，便往往驚慌失措地寄望於向巴力獻祭，祈求扭轉局勢。在這種時候，平常使用的動物或者死嬰都被認為不足以令巴力・哈蒙或坦尼特滿意，那麼就必須使用活生生的孩子。而且當某個按照許諾要被獻給天神的嬰兒夭折的時候，一個更為年長的孩子就必須作為替代品，事實如此清晰，哪裡還需要爭辯？

但這並不能讓力圖為腓尼基神話翻案的現代派學者們信服，他們指出，在古代，饑荒、瘟疫、戰亂等因素都足以造成一個家庭的毀滅，那些幼兒更是容易同時送命，如此一來，某一時期一家的孩子全部出現在一個骨灰甕裡，也就不足為奇。此外，關於那塊波米爾卡先生奉獻的石碑上寫著的親骨肉這些字，倒不是說他在瞎說，但是要反問一句，這只能說明他的確是獻祭孩童的親生父親，至於孩子被奉獻時是死是活，誰說得清楚呢？

於是關於孩子們被焚燒時是死是活這一點，還真成為無法釐清的問題了……從一九四七年至一九五二年，法國里爾（Lille）法醫和社會醫學研究院中考古學家、人類學家和法醫專家們費了九牛二虎之力對陀斐特的骨灰甕進行分析。緊接著歐洲各大研究機構輪番上陣，這一研究一直持續到一九七九年聯合國教科文組織發起「拯救迦太基行動」，動員了美國科考隊重新發掘陀斐特遺址，大西洋兩岸聯手再度觸碰這個千古謎題……最終結果是各國法醫們低頭認輸。對不起，關於孩子們被焚燒前是死是活我們實在是搞不清……

這場考古學界的世界大戰一直持續到今天，至今兩

西元一八六二年初版《薩朗波》中的月神神廟插圖。

派學者依舊進行著涇渭分明的激烈辯論。至於巴力這位古老的神靈，則在被世人淡忘的情況下文進入了一個新的千年紀元……

推羅的美刻爾——

我們已經一再重複一個比較拗口的概念，源自迦南神話的腓尼基神話，曾對希臘神話造成深遠影響。早期希臘旅行者在遊歷腓尼基城邦時，將異族的神靈傳聞帶回自己的故鄉，等到這些異域神靈希臘化以後，後輩的希臘人出於一種文化優越感而堅定地認為，這些腓尼基神靈正是希臘神靈在異鄉的影子。

> 古希臘歷史學家希羅多德在他的著作《歷史》（*Historiae*）中曾有過如下記載：「我曾透過海上旅行抵達腓尼基的推羅城，為的是證實那裡是不是真有一座供奉希臘大力神海克力士的神廟——據說他在那裡很受腓尼基人的尊崇。
>
> 我拜訪了那座神廟，並發現那裡陳設著許多貴重的祭品：其中有兩根柱子，一根是在白天金光奪目的純金柱，一根是在夜裡大放異彩的翡翠柱。

我在與迦太基祭司攀談時曾打聽神廟的歷史，祭司們回答說修建這座神廟時也正是推羅建城的時候，而這座城的建立則是兩千三百年前的事情了……

我在推羅還看到另一座神廟裡也供奉著以塔索斯為姓的海克力士，因此我又到塔索斯城去，在那裡果然找到另一座海克力士神廟。這座神廟是出海尋找歐羅巴公主的腓尼基人修建的……」

城邦之王

希臘神話裡的海克力士是宙斯與底比斯王后阿爾克墨涅（Alcmene）偷情的產物，他的出生惹怒了宙斯的妻子赫拉（Hera）。阿爾克墨涅一看天后怒了，匆忙中生下孩子就自顧自躲藏起來。結果雅典娜和赫拉散步時，偏偏遇見了被遺棄的海克力士，雅典娜勸赫拉餵養這個可憐的孩子，於是赫拉竟然真的用自己的奶水救活了大力神。這孩子吸吮乳頭時，還將天后的乳汁濺灑在天空形成了銀河。那麼被希羅多德所記載的推羅城中的海克力士，真實身分究竟是什麼呢？

其實這位神靈的腓尼基名字叫作美刻爾，他是推羅的守護神。儘管這位神靈並沒有讓自己的子民躲過亞歷山大的征服，不過這並不妨礙美刻爾擁有「城邦之王」的頭銜，「美刻爾」一詞在腓尼基語中就是城邦之王的意思。根據希臘人的記載，美刻爾是宙斯和阿斯塔蒂女神之子。宙斯的花心世人皆知，阿斯塔蒂則百般躲避宙斯的騷擾，而宙斯一怒之下乾脆將她變成了一隻鵪鶉，並和這隻鵪鶉生下了美刻爾！

說到這裡你可能會覺得奇怪，一隻鵪鶉的兒子有什麼能力當推羅的守護神呢？但你要知道，推羅城的實力可是和迦太基不相上下啊！其原因就是美刻爾是冥王莫特的對頭，是諸神中唯一不畏懼死神的存在，他之所以有這個能力，也是與鵪鶉有關。

美刻爾長大後曾經與同伴穿越利比亞沙漠，在旅途中他們不幸撞到了巨妖提豐（Typhon）。這個泰坦族的巨人號稱是「一切惡魔的王」、「惡魔之神」、「妖魔之父」，他是個比山還高的噴火巨人，長著一百個蛇頭，渾身覆蓋著羽毛，還生有一對翅膀。面對如此對手，美刻爾這樣的菜鳥當然害怕，於是想打個招呼矇混過去，卻被提豐一眼看出他宙斯之子的身分。提豐可是宙斯的老冤家，這下雖然不是仇人見面，但見到仇人的兒子也一樣分外眼紅。

於是可憐的美刻爾毫無懸念地被提豐殺死，他的同伴們嚇得四散奔逃。等他們在沙漠裡跑得饑渴難耐時，為了轉移悲傷並且順便填填肚子，有人建議：既然提豐沒追過來，那麼我們來生火吃肉吧！這個建議大家一致同意，於是他們找了個山坡，生起一堆火準備烤鵪鶉吃。過了一會兒鵪鶉烤好了，肉香在曠野中飄散。大家盯著吱吱冒油的肥鵪鶉直嚥口水，忽然一隻手從火堆上扯下鵪鶉。夥伴們憤怒地向這個人望去，卻發現竟然是美刻爾，他神采奕奕地復活了！美刻爾一邊大口吃著鵪鶉肉一邊責備朋友們：「你們這些人真不夠義氣，看著我被殺不幫忙也就算了，現在居然連烤肉都不叫我！」

看到這裡就知道為何美刻爾不畏懼死神了吧？因為他具有復活的神奇力量！腓尼基人認為美刻爾復活的這一天是秋分日，所以便在每年的這一天舉行盛大的祭祀儀式。

時代之子

在早期的美刻爾神話中，這位偉大的復活之神有著閃閃發光的黃色臉頰和濃密鬍鬚，當他現身於這個世界時，總是穿著繡有滿天星辰的天空之袍，用那雙閃著紅光的眼睛向人間投去智慧之光。

正是美刻爾親自教會腓尼基人的祖先建造第一艘船，並指示他們駕駛船隻駛向一對漂浮於海上的岩石島嶼——安布羅斯之石。在其中一個島上生長著一棵燃燒著的橄欖樹，橄欖樹下盤著一條蛇，樹頂上棲息著一隻鷹，樹枝上掛著一個碗。儘管這種奇異的場景似乎代表了一觸即發的災難，但蛇和鷹之間依舊保持著和平，熊熊烈焰中的橄欖樹與棲息在這裡的生物也始終沒有喪命。安布羅斯之石在地中海中隨波濤起伏不定，但那個碗從未從樹枝上滑落。

這時，美刻爾教導自己的子民說：「去建造一種新型的航海工具，它是海上的雙輪戰車，是第一艘可以航行並能載著你穿過深海的船。」於是腓尼基人的祖先登上了安布羅斯之石，並且按照美刻爾的吩咐捕獲了那隻老鷹，將鷹血潑灑在岩石上獻給宙斯、波塞頓（Poseidon）以及其他眾神。喜悅的神靈們讓島嶼紮根於海底，不再東漂西盪，推羅城和美刻爾神廟隨後就在岩石上方拔地而起。

在推羅的輝煌歲月中，人們對美刻爾的崇拜從小亞細亞一直延伸到伊比利亞半島。每年，在傳說中美刻爾死而復活的節日裡，整個腓尼基世界的人們都在歡呼慶祝。至於在推羅城這個美刻爾神話的發源地，美刻爾神廟的大祭司一向擁有僅次於國王的特權。國王則宣稱美刻爾是自己的祖先，把自己塑造成凡間與神界的橋梁，從而將自己的施政手段包裝成美刻爾的神聖意志。推羅的高級祭司也往往與王族聯姻，例如傳說中的推羅公主艾麗莎的丈夫阿克爾巴斯（Acerbaas），正是這樣的神職人員，他們夫妻二人擁有的財富，讓見慣大場面的腓尼基商人都為之咋舌。

在推羅城邦的疆域內，每年春季都會舉辦由國王親自主持的「艾格賽斯節」。為了強調這個宗教性節日對維繫推羅人內部凝聚力的重要性，節日期間，所有外國人都必須離開這座城市。

推羅城中的祭祀儀式有很多特殊規矩，後來被廣泛傳播到地中海各地，其中包括禁止蒼蠅和狗進入祭祀區域、女性不得擔任祭司、祭品中不得出現豬肉、商人和其他有錢人須將收入的十分之一捐贈出來作為宗教稅等等。在國王的親自指揮之下，美刻爾的神像被搬上一艘巨大的木筏，而後木筏被大祭司隆重點燃。燃燒著的木筏漂向大海並逐漸在烈焰濃煙中沉沒，聚集在海灘上的推羅人吟唱著聖歌為神像送行。對於推羅人而言，這個儀式的關鍵意義在於以火焰來渲染美刻爾神聖的再生特性：美刻爾本身並未被烈焰化為灰燼，而是借著滾滾濃煙涅槃重生，熊熊燃燒的雕像，既是為了送別也是為了重生。

西元前六世紀的腓尼基黃金碧玉戒指，描繪的是推羅的守護神美刻爾。

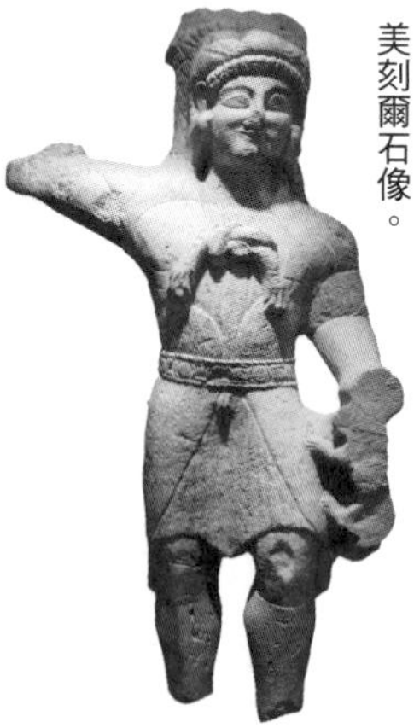

美刻爾石像。

腓尼基人鑄造的美刻爾銅像。

當希臘人和羅馬人接觸到腓尼基的美刻爾時，這位神靈已經變成戴著牛角盔、手持戰斧的戰士形象，並已經有發展成太陽神的趨勢。當腓尼基商人將美刻爾崇拜傳播到早期的羅馬社會中後，他成為對羅馬神話產生過最重要影響的腓尼基神靈。在這時阿斯塔蒂已經從他的母親逐漸過度為他的妻子，美刻爾和阿斯塔蒂成為羅馬萬神殿中的天王朱比特和天后朱諾（Juno）的原型之一。祭司們這樣讚頌美刻爾：「他是時代之子，他造就了月亮的三重形象，他是天空中閃閃發光的眼睛」，正是他讓太陽發光促進了萬物生長。腓尼基人認為，每當美刻爾在東方海洋中洗浴時，從他頭上甩下的水便形成了賜予大地生命的降雨。

在希臘人的記載中，腓尼基水手曾有一種獨特的儀式：這些腓尼基人先是精神抖擻地高高跳起來，落地後便雙膝跪地，像被神鬼附身一般在甲板上旋轉……這其實正是在祭拜美刻爾的聖舞。腓尼基商人在簽署合同時，往往需要以美刻爾的名義起誓會遵守其中的條款，因為這位神靈不僅保護推羅城，還保護推羅的商人和海員。

腓尼基商人四處航行，他們習慣於每到一地站穩腳跟後，便修建美刻爾神廟以求庇護，這也使得對這位神靈的信仰廣泛傳播。不過供奉美刻爾大神是比較燒錢的，有些記載顯示，腓尼基商人每年向神廟祭司上繳巨額款項作為奉獻，這在他們的希臘同行看來簡直匪夷所思，要知道希臘人眼中的腓尼基人可是吝嗇鬼的同義詞……

漢尼拔與美刻爾

在西班牙的腓尼基遺址中，有三處被懷疑為美刻爾神廟遺跡。這些遺跡中普遍有類似希羅多德曾提到過的特殊的獻祭用柱子，不過這些柱子是青銅製品，而不像《歷史》中所宣稱的那樣由黃金與翡翠製造，要真是由那兩樣材料製成的話，應該也留不到現在了……透過辨識青銅柱子上的腓尼基文字，可以得知上面刻著的不是讚美美刻爾的頌歌，而是捐資修建神廟的名單以及詳細帳目，這倒真的非常符合商人的特性……不過美刻爾的信徒並非都是如此斤斤計較之輩，其中有個著名的軍事家就曾讓整個羅馬世界為之震撼——他就是漢尼拔。

根據古羅馬歷史學家利維的記載，漢尼拔也是美刻爾的忠實崇拜者。

迦太基人傳說著漢尼拔與美刻爾的故事：漢尼拔離開迦太基準備遠征義大利之前，他專門前往腓尼基最古老的美刻爾神廟朝聖。漢尼拔在這位神靈的神像前獻祭祈禱並沉思良久，希望自己能夠得到美刻爾的啟示。漢尼拔回到迦太基城之後，一個「神聖而美麗」的年輕人在夜晚忽然出現在他眼前。這位幽靈般的訪客宣稱自己便是美刻爾，讓漢尼拔跟隨自己並且不要向後看。

漢尼拔雖然表示自己會謹遵神意，但好奇心還是促使他悄悄回頭看了一眼。就在這一瞬間他看見一條可怕的巨蛇穿越森林，黑色的風暴和閃電聚集在蛇身旁，所經之地都被破壞得不成樣子。漢尼拔急忙詢問神靈自己看到的異象代表了什麼，美刻爾告訴他：「這將是你在義大利造成的破壞，跟隨你的命運之星吧，不必再向天堂或黑暗詢問祈禱了……」

漢尼拔和他的遠征結束之後，隨著羅馬人的征服行動，對美刻爾的崇拜也逐漸變味。有學者認為，美刻爾後來成為羅馬帝國乃至中世紀時期犯罪者的守護神，他城邦之王的名號居然變成了黑幫老大的頭銜……且不論這種有爭議的推斷是否成立，可以確定的是隨著腓尼基文化的衰亡，這位鵪鶉之子、復活的大神和商人的保護者，終究消失在歷史長河中了……

人魚女神阿塔伽提斯

腓尼基人對海神有著特殊的情感，例如迦南神話中，雅姆雖然在與巴力的爭鬥中落敗，卻依舊在腓尼基人的城邦中享受供奉。腓尼基人相信，這個性格暴虐的大神會以巨大海蛇的形態在海底深淵中游動，情緒不好時便掀起致命的風暴。雅姆是令人畏懼的，但並非所有的海神都如此蠻橫不講理，例如人魚女神阿塔伽提斯（Atargatis），就非常受到腓尼基人愛戴。

美人魚的始祖

在很久很久之前，一顆神祕的蛋從天而降落入海中，海中兩條正在打鬥的魚將這個蛋擠到了陸地上，這時飛來一隻鴿子開始孵化這顆蛋，不久，一個女神從蛋中出生。這就是迦南神話中關於敘利亞女神阿塔伽提斯的傳說，也被視為希臘神話中雙魚星座傳說的濫觴。

誕生於敘利亞阿勒坡（Alep）一帶的阿塔伽提斯女神，是腓尼基城邦廣泛信仰的生育之神，她在不同的地區被認為是巴力或哈達德（Hadad）的妻子。哈達德是一位鬍鬚濃密，頭戴牛角盔、手持棍棒，操縱霹靂的雷電之神，這位神靈被視為阿勒坡的保護神，古代敘利亞國王的頭銜之一便是「哈達德之子」。哈達德乍看起來像個形象一般的中年大叔，但無論是希臘人還是羅馬人，都認為哈達德就是宙斯或朱比特的化身，亞述帝國更是將他視為主神。就此而言，阿塔伽提斯女神的地位確實不低。

雖然有個尊貴無比的丈夫，卻並不妨礙阿塔伽提斯「紅杏出牆」！一個亞述傳說講述了阿塔伽提斯曾經愛上一位凡人，可當她發現自己為情人生下的孩子賽米拉米斯（Semiramis），居然是個毫無神力的人類女孩後，巨大的恥辱感讓她衝動地殺死了情人並遺棄了孩子，她自己則化為魚形跳入海中躲避現實。可憐的棄嬰賽米拉米斯長大後，成為美麗動人的亞述王后，而她那不負責任的母親則成為美人魚的起源……阿塔伽提斯被認為源自迦南人對鯨魚的崇拜，她在原始神話中作為海神出現，後來形象成熟時，一般以蒙著面紗的半

中世紀版畫中的阿塔伽提斯。

人半魚形象，出現在古代錢幣上和雕塑中。

在敘利亞地區曾有過廣泛的禁止食魚和鴿子的宗教傳統，因為這兩種動物被視為女神的化身。在腓尼基的阿塔伽提斯神廟裡往往會有一個養著「神聖之魚」的水池，這些被精心飼養的魚，是普通人不可觸碰的神聖動物。

祭司的殘缺祕密

除了迦南民族廣泛信仰阿塔伽提斯之外，在希臘和羅馬也有關於她的傳說，例如：希臘人記載了乞丐們打扮成阿塔伽提斯的祭司，趕著背負女神像的驢子在鄉村中出沒乞討的習俗。而在羅馬時代，這位女神更被起義的奴隸們視為自己的守護神。在敘利亞地區的腓尼基城邦中，侍奉阿塔伽提斯的祭司們大多是些白淨英俊的男子，他們化著濃妝，戴著頭巾，穿著女性化的藏紅花色絲綢長袍；有時也穿白底紫色條紋的亞麻長袍。不過他們常常做的事情和希臘乞丐效仿他們的行為差不多，都是出門化緣……

根據希臘人的記載，這些祭司還有一個令人瞠目結舌的祕密：他們都是淨身後的「公公」……這個奇異的傳統同樣起源自亞述傳說。成為王后的賽米拉米斯在幻覺中得知自己必須為母親修建一座神廟，亞述王知道後立刻表態說：「既然神意如此，那趕緊開工吧！」一年輕的祭司庫巴巴斯奉命幫助王后興建神廟，他早知道王后風流的名聲，為了不負君恩，乾脆自宮。後來發生的事情驗證了庫巴巴斯的先見之明，賽米拉米斯果然對英俊倜儻的庫巴巴斯一見鍾情。但是讓用心良苦的祭司大人預料不到的是，儘管他展示了自己殘缺的軀體，卻依舊沒有讓癡情的王后離開自己……

在敘利亞的腓尼基人中，則流傳著另一個悲傷的傳說。當一隊阿塔伽提斯的祭司抵達一個城鎮時，穿著絲綢長袍的祭司們，隨著笛子的音樂歌唱舞蹈，他們欣喜若狂地撕咬自己的皮肉，用刀劃破手臂弄得血流如注。

約旦考古博物館館藏西元前一百年雕刻的阿塔伽提斯像。

這些虔誠的祭司吸引了市民前來參拜女神並獻祭財物，其中有個姑娘對一個身著女裝長髮飄飄的少年祭司心動不已。這個姑娘不顧一切地愛上了祭司，可當她終於找到機會單獨與祭司見面一訴衷腸時，才得知對方已經不再是一個完整的男人了！姑娘在絕望中自殺，給這段苦戀留下了悲傷的結局。

到西元三世紀時，奧斯若恩王國（Osroene）的艾布加五世控制了敘利亞地區。這位虔誠的基督徒國王頒布法令，宣稱所有閹割自己的人，都要被砍掉一隻手臂，從此結束了阿塔伽提斯祭司這項歷史悠久的傳統……

第三章

腓尼基神話故事

腓尼基人以神話故事來解釋自己祖先的成就，腓尼基神話中的神靈故事解釋了他們的大多數發明創造和技術發現。我們能從腓尼基神話故事中看到很多地中海世界文化的影子，尤其希臘和羅馬神話，更是從腓尼基神話中受益良多。

儘管希臘與羅馬的學者出於種族偏見往往對腓尼基／迦太基人心存狐疑，甚至懷有敵意，但腓尼基人取得的成就是如此卓越，以至於連他們的這些宿敵也放下驕傲，記錄了相關的故事，例如希臘學者孜孜不倦地記錄下艾麗莎（Elissa）創建迦太基的故事，羅馬詩人則稱呼她為狄多（Dido），並創作出她與羅馬創始人埃涅阿（Aeneas）的愛恨情仇傳說。

世代交替之後，這些源自希臘和羅馬的記載，成為我們了解腓尼基神話的主要途徑之一。也正因為如此，經過異族之筆流傳下來的腓尼基神話更加顯現出與埃及、希臘和羅馬神話彼此滲透互相影響的特質。這是瑰麗想像力的疊加，也是文化大融合的鐵證。

被拐走的公主

歐羅巴（Europa）是歐洲舊大陸的名字，而這個名字的由來卻與一位不幸的腓尼基公主緊密相連。這位公主名為歐羅巴，是推羅國王阿革諾耳（Agenor）的女兒，她從童年時起便一直深居在父親的宮殿裡。當她剛剛出落為婷婷玉落立的少女時，無與倫比的美麗引來人間之外的垂涎目光……

在一個深夜裡，歐羅巴墜入詭異的夢中：被地中海分隔開的兩個大陸忽然隆起，變成兩個女人的模樣，其中一個由亞細亞大陸所變的女人，長相和腓尼基人一樣，而另一個大陸所變的女人則是相貌奇特，讓歐羅巴感到非常陌生。亞細亞輕撫著歐羅巴細嫩的手臂說：「孩子，我是妳的亞細亞母親，我把妳從小餵養大，妳應該屬於我。」這時，另一個陌生女人也衝過來，溫柔卻又堅定地將歐羅巴拉入自己懷裡，她微笑著說：「跟我走吧，親愛的姑娘！命運女神已經將妳指定為宙斯的情人，我會把妳帶到宙斯身邊！」歐羅巴從夢中驚醒，她感覺冥冥中有雙眼睛注視著自己，這讓她感覺既興奮又不安。歐羅巴的第六感沒有出錯，這世界的主宰之神宙斯正用貪婪的目光注視著推羅的公主。

居住在奧林匹斯山上的宙斯，以霹靂為武器維持著整個宇宙的秩序，他經常變身為公牛或雄鷹在人間巡察。宙斯最偉大的功績，莫過於擊敗巨大的怪物提豐，將世界從毀滅邊緣挽救回來。宙斯無疑是最偉大的神靈，好色幾乎是他唯一的弱點。宙斯共有七位妻子：智慧女神、正義女神、水草牧場女神、豐收與農業女神、記憶女神、哺育女神以及天后赫拉。

但這位色欲薰心的神靈仍不滿足，他垂涎世界一切美色，甚至連特洛伊王子蓋尼米德（Ganymede）這樣的美少年，都難逃宙斯的魔掌。這位王子被宙斯化身的雄鷹抓到奧林匹斯山的聖殿中，先是公然成為宙斯的情人，後來又成為諸神宴飲時的侍酒童。每當諸神歡宴之時，赤裸的蓋尼米德便穿梭在宴席間，為眾神斟滿瓊漿玉液。當宙斯示意他為自己斟酒時，這個行事乖巧的男孩子，總是先將酒杯在自己的唇上輕輕地碰觸一下，再把杯子遞到宙斯的手中。這些戀人間的親暱互動，就公然在赫拉眼前進行，忍無可忍的天后終於施法將蓋尼米德殺死。傷心的宙斯將美少年的靈魂封印在天空中，這就是水瓶座的由來。

雖然失去了親愛的少年情人，但宙斯仍未放棄尋歡作樂的心思。作為一個把勾引別人當作日常消遣方式的神靈，他慣用的手段是化身為各種動物接近目標，讓自己的獵物在不經意間淪陷，甚至天后赫拉本人也是這樣「中招」後被迫嫁給宙斯的……

就在歐羅巴做這場夢的前幾個小時，無所事事的宙斯悄然來到腓尼基海岸閒逛。他隱身降臨於推羅城中的街道上，正巧撞見推羅王室出行。當雄赳赳的武士護衛著國王和他的孩子們經過時，宙斯一眼便看中了身騎白馬的歐羅巴。雖然這個女孩子蒙著面紗，但她眼光流轉的一瞬間已經俘獲了宙斯的心。

「這個女孩子屬於我！」宙斯在電光石火之間做出了決定。「明天，我就要帶著我的新娘回到奧林匹斯山上。」

化身白牛的宙斯

清晨，歐羅巴在推羅城明亮的陽光中醒來時，她那些同齡的閨蜜已經來到宮殿中等待了。這些姑娘都出身於推羅城中的貴族之家，大家約好與歐羅巴一起到海邊散步，在柔軟的沙灘上撿拾貝殼。美麗的地中海岸邊陽光明媚鮮花遍地，海邊的樹林草坪是歐羅巴和朋友們自幼便一起玩耍的地方。當一行人穿越樹林時，姑娘們身上那些由西頓女工們用金線繡出的衣裙，燦爛得能夠與朝霞媲美。但當歐羅巴走進人群中時，身上那件最絢麗奪目的長裙，讓同伴們的衣裙都為之失色。歐羅巴的這件長裙是由火神赫菲斯托斯（Hephaestus）所織的神衣，上面用金絲銀線編織出神靈生活的景致。這件長裙是海神當年為了追求歐羅巴的祖母，特地讓火神織出來的，後來成為推羅王室的傳家寶，現在終於穿在了歐羅巴的身上。身穿神衣楚楚動人的歐羅巴跑在同伴前頭，打算摘一些風信子和矢車菊來紮一個花束。

看到歐羅巴的舉動，姑娘們也歡笑著散開，去採摘自己中意的花朵。歐羅巴為了尋找中意的花一步步走進樹林深處，這時，她望見一頭通體雪白的公牛緩步向自己走來。歐羅巴在心裡讚歎：「好一頭雄壯、高貴而華麗的牛啊！」牠比自己在推羅城中見過的那些背著軛具、拉著大車的普通公牛漂亮太多了！這頭牛的牛角小巧玲瓏，猶如精雕細刻的鑽石，額前閃爍著一塊新月形的銀色胎記。牠的毛皮比雪更白，一雙藍寶石般明亮的眼睛彷彿燃燒般，流露出深深的情意。

歐羅巴感覺到公牛在凝視著自己，牠身上的一切似乎都在邀請她靠近。儘管很害怕，她還是忍不住一點一點靠近了這頭神祕的公牛。公牛輕柔地叫著，這聲音不像是普通的牛叫，聽起來如同牧人的笛聲在山谷迴蕩。歐羅巴伸出一雙小手輕輕撫摸公牛的脖子。公牛輕柔地舔著她的手，於是她把手裡的花編成花環套在公牛的脖子上，撫摸牠油光閃閃的脊背。公牛依偎在歐羅巴腳邊，馴服地臥在地上，彷彿在邀請她騎上去。

其他的姑娘也發現了公牛，大家紛紛稱讚這頭牛高貴的氣概和安靜的姿態。歐羅巴心中升起一個大膽的想法，她招呼同伴說：「妳們快過來，我們可以一起騎在這頭公牛的背上，我想牛背上足足能坐得下四個人呢！妳們不要害怕，看牠又溫順又友好，一點兒也不像別的公牛那麼暴躁蠻橫。我想，牠是像人一樣有靈性的牲畜，只不過不會說話罷了！」

她一邊說一邊從女伴們的手上接過各色各樣的花環掛在牛角上，然後壯著膽子騎上牛背，但她的女伴們仍然猶豫著不敢騎。歐羅巴剛坐上牛背，公牛便輕快地站起來緩步走向海灘，牠的步伐輕鬆緩慢，但歐羅巴的女伴們無論如何用力奔跑都趕不上牠。歐羅巴興奮地向朋友們揮舞著手帕，根本不知道自己將面臨怎樣的殘酷命運。

當公牛走出林間草地踏上柔軟的沙灘時，牠忽然加快速度向大海急速奔跑。歐羅巴還來不及想清楚發生了何事，公牛兩肋已經生出潔白的雙翅，馱著魂不附體的公主飛上了天！公牛馱著歐羅巴飛抵地中海上的克里特島，牠降落在陸地中的一棵大樹旁，讓公主從背上輕輕滑下來，自己卻突然消失了。

當歐羅巴還處於驚嚇時，一個俊逸如天神的美男子出現在她眼前。這位美男子自稱是克里特島的主人，如果姑娘願意嫁給他，他可以保護姑娘不受公牛的威脅。歐羅巴在絕望之餘便朝他伸出一隻手去，表示答應他的要求。於是這位由宙斯化身的美男子便得以和自己垂涎已久的姑娘顛鸞倒鳳，滿足了自己的願望……當一輪紅日自地中海上冉冉升起時，歐羅巴從昏睡中漸漸醒來。

她驚慌失措地望著四周，呼喊著親人的名字。接著她又想起了昨夜發生的事情，可憐的公主十分哀傷地自言自語：「我是個卑劣的女兒，怎麼可以呼喊父親的名字？我不慎失身！天啊，我怎麼才能忘掉這一切！」歐羅巴環顧四周，不知名的山川和森林包圍著她，島嶼周圍的大海波濤洶湧，海浪衝擊懸崖峭壁發出驚天動地的轟鳴。終於她明白了自己經歷的一切都不是夢，她憤恨不已地高聲呼喊：「天哪，要是該死的公牛再出現在我的面前，我一定折斷牠的角！我的家鄉推羅遠在天邊，除了死，我再也沒有其他選擇了！天上的神靈啊，請為我送上一頭雄獅，了結我蒙羞的生命吧！」

雖然歐羅巴虔誠地祈禱，可是猛獸並沒有出現在眼前，她看到的只是碧空中灑下的燦爛陽光。「可憐的歐羅巴！」公主大聲質問自己：「妳不想結束這種不名譽的生活嗎？難道父親不會因為妳的行為而咒罵妳嗎？妳難道願意成為一位野獸的君王的侍妾，辛辛苦苦當他的女傭嗎？妳怎麼可以忘掉自己的高貴血脈，妳可是推羅國王的公主！」雖然歐羅巴痛苦萬分，可她確實沒有自殺的勇氣。

古希臘馬賽克壁畫：宙斯擄走歐羅巴。

這時，一聲輕笑自歐羅巴耳後傳來，她猛一轉身，看見愛情女神阿芙蘿黛蒂（Aphrodite）站在自己面前，渾身閃著天神的光彩。阿芙蘿黛蒂微笑著說：「美麗的歐羅巴，趕快息怒吧！我就是妳夢境中的那位女子，而妳所詛咒的公牛馬上就來，牠會把牛角送來讓妳折斷，因為牠和那位自稱是克里特島主人的美男子是同一個人，那就是宙斯本人幻化而成的呀！」就在這一瞬間，宙斯的聲音在被嚇壞了的女孩耳邊迴盪：

親愛的歐羅巴，我是主宰一切的宙斯，而妳將是我的新娘。

妳現在成了大地上的女神，妳的名字將與世長存！

看，遠方地中海彼岸的新大陸，妳將在那裡開始與我共度新的生活，這塊大陸就用妳的名字命名為歐羅巴！

就在宙斯話音剛落的一剎那，滿含淚水的歐羅巴看到父王阿革諾耳坐在王座上悲傷不語，看到她的哥哥卡德摩斯（Kadmos）奔波在各地尋找自己的蹤跡。而她已經明白了自己的宿命，推羅的公主歐羅巴已經永遠無法見到自己的親人，永遠與生養自己的土地告別了！

卡德摩斯的歷險

王子追尋妹妹的冒險

推羅王宮陷入一場混亂之中，起因便是美麗的歐羅巴公主被神祕公牛拐走了。推羅王阿基諾爾最初聽到這消息時，感到一陣天旋地轉，牧人們報告說清晨時所有的牲畜不知都被何人趕到海邊去了，而歐羅巴女伴們的證詞顯示，那頭神祕的白色公牛，無疑是借助牛群的掩護靠近公主並趁機得手的。

雖然痛失愛女讓可憐的老人心如刀割，但此刻的他，不僅僅是一個備受打擊的老父親，還是對推羅臣民承擔責任的國王。他恨不得立即放下一切去找回心愛的女兒，可是一位國王不能因為家庭私事而遠離國土和人民。經過一番思考之後，阿革諾耳招來自己的兒子卡德摩斯。

「兒啊，你可憐的妹妹歐羅巴被綁架，帶離推羅的土地了！你要立刻收拾行李出發，就算走到天涯海角，也要把歐羅巴帶回來！」卡德摩斯知道自己接到了不可能完成的使命，但他無法拒絕絕望的父親，於是慨然允諾並且聚集了幾個心腹夥伴離開推羅，踏上了漫漫冒險之旅。卡德摩斯趕到愛琴海東岸的希臘城邦愛奧尼亞。這座城市智者雲集，這些希臘學者擅長哲學，並且通曉地理。卡德摩斯拜訪了阿那克西曼德（Anaximander）和赫卡泰（Hécatée）。這兩位大學者都曾前往埃及，見識過尼羅河那令人驚訝的氾濫。他們一致同意尼羅河就是亞非兩洲的分界線，並將非洲稱為利比亞。

卡德摩斯從希臘學者那裡得到了一份充滿知識的珍寶——愛奧尼亞（Ionia）地圖。阿那克西曼德是第一個敢於在銅板上刻出地球形狀的人，在此之前，這個奧祕只有神靈知道。而赫卡泰將世界各地的名稱和描述都加在地圖上，讓來自推羅的王子能夠知曉地球上各個地方山川河流的模樣。雖然愛奧尼亞的學者幾乎無所不知，但他們卻不知道歐羅巴公主的去向。於是卡德摩斯與希臘人告別，進入埃及渡過尼羅河，一路前往利比亞沙漠。他每經過一處地方，都會向當地人打聽妹妹的下落，可無論是希臘學者、埃及法老還是利比亞的酋長，沒有一個人能告訴他歐羅巴的消息。

卡德摩斯按照地圖的指引抵達奧林匹斯山，但沉默的神靈拒絕回答他的提問。最後他渡海抵達有著著名巨人石像的羅德斯島，在這裡有同伴抱怨說：「親愛的卡德摩斯，你算過我們已經離家多久了嗎？就算是最有耐心的腓尼基商隊，走過的路，也沒我們這麼遠啊。」卡德摩斯也感到心力交瘁，他看著灰心喪氣的同伴們，回想著推羅城中的一切，如果沒有找到妹妹，他又怎敢回去面對父親失望的眼神呢？夜幕降臨時，卡德摩斯腦海中忽然靈光一閃，為何不去德爾菲城的阿波羅神廟中求助呢？那裡的女祭司號稱可以預知一切，向她請教一定可以知道歐羅巴的下落！

來自阿波羅的神諭

卡德摩斯的心情轉好，輕鬆地睡了一覺，天一亮便揚帆出海前往希臘雅典。德爾菲城位於雅典附近的群山峻嶺當中，當初宙斯為了確定地球的中心在哪裡，便從地球的兩極放出兩隻神鷹相對而飛。這兩隻鷹在德爾菲相會，宙斯便斷定這裡是地球的中心，於是將一塊圓形石頭放在德爾菲作為標誌。後來這裡建立起大地之母蓋亞（Gaia）的神廟。蓋亞創造出一條巨蟒守護自己的神廟，但宙斯之子阿波羅也相中了這塊地方。他一箭射殺巨蟒後占據此地，從此阿波羅成為德爾菲的主人。

在奧林匹斯眾神中，只有阿波羅能使人們獲知有關宙斯的想法，他透過自己神廟中的女祭司皮媞亞（Pythia）之口，為人類的事務提供神聖的指引。阿波羅神廟的祭司熱情接待了推羅的王子，卡德摩斯被引領到降神諭的聖殿中等待。他的心緊張得怦怦直跳，這下終於能知道歐羅巴的下落了！

他透過朦朧的亞麻布簾看到皮提婭已經來到自己面前。當簾子被徐徐拉起時，卡德摩斯不禁被皮媞亞那聖潔的美貌弄得目眩神迷：她長長的黑色頭髮梳成髮辮，垂落在潔白的祭司長袍上，她的容貌端莊無比，皮膚白皙如象牙，眼睛像湛藍的愛琴海水一般。神殿裡燃燒著的月桂樹枝發出股股濃香，這是祈求阿波羅神諭的煙火信號。沉默良久之後，皮提婭忽然高聲唱出神靈的指引：

推羅的卡德摩斯啊，你要當心那白色的霹靂主宰者！
遠離被愛迷惑的宙斯吧，你會擁有不同於歐羅巴的遭遇。

快去跟隨第一頭聖牛前進，牠在何處停駐，你就在哪裡落腳。
命運會讓你了解到，該在何處築起你的城池，該如何成為不朽的生靈！

神諭宣讀完了，隨著亞麻布簾被快速放下，皮提婭的身影消失不見，只留下惆悵的推羅王子獨自在神殿中苦苦思索……在阿波羅神廟中苦思許久後，卡德摩斯緩緩走出神殿，他還不知道自己即將面臨嶄新的生活，心裡始終在遺憾為何偉大的阿波羅不肯明確告訴自己妹妹的下落。歐羅巴在克里特島上成為宙斯的新娘，阿波羅就算再喜歡多管閒事，也只能含糊其詞以免惹火了自己的老爸啊……當卡德摩斯走出神殿后，強烈的陽光照得他睜不開眼睛，這是太陽神阿波羅在提醒他注意眼前的事物。當卡德摩斯揉揉眼睛定睛一瞧，看清楚的第一個東西就是一頭肥壯的母牛！

這就是聖牛？卡德摩斯半信半疑地跟著母牛一路走到一座神祕的城池門口，城中鴉雀無聲，沒有一點生靈存在的跡象。他和同伴們走進城，卻發現眼前出現了兩條路，他們分開各走一邊。他選擇的道路蜿蜒曲折，走了一段之後，他感到自己已經遠遠落後於自己的夥伴了。

忽然前方傳來一聲令人毛骨悚然的吼聲，這聲音簡直讓卡德摩斯渾身的血液都凝固了！雖然心裡十分恐懼，但他不能丟下陪伴自己四處奔波的夥伴們不管。於是卡德摩斯加快腳步向前奔跑，終於看到那吼聲的源頭，一條如老橡樹一般高大的惡龍正抓著他的夥伴們！

這條隱藏在森林裡的藍色惡龍無比凶猛，紫紅的龍冠閃閃發光，猩紅的眼睛好像噴射著熊熊火焰，從牠的血盆大口中伸出猶如三叉戟一般的三條芯子，嘴裡的三層獠牙正不斷地滴下毒液。卡德摩斯的腓尼基夥伴們一個個嚇得魂不附體，他們被惡龍的氣勢壓倒，毫無對策。就在卡德摩斯的眼前，惡龍閃電般地用巨大的獠牙咬穿了一個夥伴的胸膛，又撕開另一個夥伴的喉嚨，朝傷口噴吐致命的毒液。轉眼間，所有人都被殺害了，只剩下渾身顫抖的卡德摩斯獨自站在惡龍面前。

這場力量懸殊的戰鬥幾乎沒有懸念，卡德摩斯在心裡吶喊：「阿波羅啊，你這是為我指出了通往墳墓的道路嗎！」正在這時，一個輕柔堅定的少女聲音在他腦海中響起：「推羅的王子啊，戰勝你的恐懼！我是雅典娜，我來指點你取勝的方法。」卡德摩斯在雅典娜的鼓勵下鎮定下來，他裹了一張獅皮做鎧甲，又披掛上全身武器，謹慎地走近惡龍。惡龍得意地吐出血紅的舌頭，舔食著遍地屍體。「可憐的朋友們啊！」卡德摩斯痛苦萬分地叫了起來，「我要為你們復仇，否則就跟你們死在一起！」

說完，他舉起一塊大石頭向惡龍投去，那陣勢看似連城牆都會被打穿砸塌。石塊正好砸在龍頭上，但惡龍堅硬的鱗片和皮膚如同鐵甲一般保護著牠，石塊只是讓它短暫眩暈了一陣。卡德摩斯又狠狠地扔去標槍，槍尖穿透了龍皮，深深地刺入惡龍體內。惡龍在劇痛刺激下狂暴地轉過頭來，咬下背上的標槍，又用身體將它壓碎，可是槍尖仍然留在體內，這樣一折騰，惡龍的傷勢反而更重。憤怒的惡龍大張著嘴從喉嚨裡噴出劇毒的白沫，像利箭一般衝向渺小的卡德摩斯，打算把這個狂妄的人一口吞掉。卡德摩斯用獅皮遮擋住惡龍的毒液，趁牠張嘴來咬自己的機會，搶先將長矛刺進龍口。惡龍一口咬住了長矛，卡德摩斯雙臂牢牢抓住長矛左右搖晃，將惡龍嘴裡那些鋒利的獠牙紛紛打落。惡龍終於撐不住了，牠背靠著一棵大櫟樹喘息，卡德摩斯看準機會一劍刺穿惡龍的脖頸。看著轟然倒下的惡龍，卡德摩斯毫不猶豫地拔出短劍斬下龍頭，取得了勝利。

成為底比斯之王

雅典娜繼續指點卡德摩斯，吩咐他拔下巨龍的牙齒，當作種子種在乾旱的沙地上。雖然卡德摩斯認為這個命令非常古怪，但還是照吩咐去做了。他用長矛在地上畫出田壟，用矛尖鏟鬆堅硬的土壤，然後以腓尼基農夫的手法，將龍牙埋進土中，又懷著虔誠的心取來清水，澆灌自己種下的龍牙。忽然間，大地開始震動，泥土下面活動起來。卡德摩斯好奇地湊近觀看，忽然間一枝長矛的槍尖露了出來，還差點刺中他！卡德摩斯急忙向後一躍，這時候整片樹林晃動得如同地震一般。土裡冒出了一頂武士的頭盔，緊接著又露出了肩膀、胸脯和四肢，最後，一個全副武裝的戰士從土裡鑽了出來！卡德摩斯發現地裡長出來的不止這一個戰士，在他埋下龍牙的其他地方，紛紛長出了一整隊戰士。卡德摩斯大吃一驚，他連忙擺開架勢，準備投入新的戰鬥。

可是這些泥土中長出的戰士對他喊道：「別緊張，別拿武器對著我們，別參加我們兄弟之間的戰爭！」戰士們一邊說著一邊廝殺起來，這些剛從土地中誕生的生命轉眼間一個又一個地倒下死去，大地母親吞飲著她所生的第一批兒子的鮮血。直到只剩下五個人時，這些戰士終於開始接受雅典娜的建議放下了武器。雅典娜告訴卡德摩斯說：「這些戰士就是你的新夥伴，他們將會幫助你重建眼前這座荒廢的城市。」

卡德摩斯連忙問：「那麼這座城市叫什麼名字呢？」

女神以響亮的聲音告訴他：「底比斯（Thebes）。」

底比斯城被卡德摩斯從惡龍魔爪下解放出來了，地下的泉水開始噴湧，花草樹木恢復了繁茂。乾旱的沙土地變成生機勃勃的肥沃田野，鬱鬱蔥蔥的樹林和草地引來了飛禽走獸。夥伴們遵照卡德摩斯的命令，建立起神廟和雕像，遠近經商的腓尼基人和周邊的希臘人都聞風而來加入城市的建設，底比斯城迅速恢復了生機！為了紀念自己創建底比斯的偉大功績，卡德摩斯將推羅的腓尼基字母傳授給自己的臣民。於是希臘人學會了讀和寫，正如後來希羅多德在《歷史》中記載的那樣：「卡德摩斯帶領腓尼基人來到希臘，引進了希臘本來沒有的字母表。」腓尼基人發明的文字很快傳遍了希臘，於是文明之光在希臘的土地上重新點亮了！

時光飛逝，底比斯之王卡德摩斯聽從臣民的建議開始尋找自己的伴侶。宙斯聽說這個消息後，親自安排戰神阿瑞斯（Ares）和愛神阿芙蘿黛蒂的女兒哈爾摩尼婭（Harmonia）做了卡德摩斯的王后。阿爾摩尼婭是希臘女神中最為溫柔賢慧的，她滿腔熱忱地愛著自己的丈夫，忠誠地陪伴著卡德摩斯直到終老。他們一共生下四個女兒和一個兒子，其中最美的公主是塞墨勒（Semele）。宙斯為塞墨勒的美貌所傾倒，再度出手引誘了這個女孩，使其珠胎暗結。

天后赫拉得知後火冒三丈，她變成塞墨勒的親人，慫恿懷孕四個月的公主向宙斯提出要求：要看宙斯真身，以驗證宙斯對她的愛情。宙斯拗不過小情人的撒嬌，沒想清楚後果便現出自己真正的原形——雷電。紅顏薄命的塞墨勒瞬間被雷火燒傷不治，她在臨死前祈求宙斯拯救自己腹中的胎兒。宙斯含淚答應了塞墨勒的請求，他將胎兒放入自己的大腿中，讓這孩子得以繼續發育成長，最終從宙斯大腿中生出了酒神戴奧尼修斯（Dionysus）。

終於有一天，卡德摩斯在銅鏡中看到自己已經兩鬢斑白風華不再。他回憶起少年時代離開推羅城尋找妹妹歐羅巴的經歷，這才驚覺自己已經步入暮年了。於是他放下銅鏡，對著妻子唏噓不已，苦笑著提起阿波羅的女祭司曾經預言自己會變成不朽的生靈，可現在自己已成老人，既沒有不朽更沒有完成父親的囑託……

阿爾摩尼婭溫柔地安慰丈夫，陪著他一起回憶青年時代所經歷的大風大浪、立下的不朽功績。最後卡德摩斯笑著告訴妻子：「親愛的阿爾摩尼婭，妳知道嗎？每當我想起殺死巨龍建立底比斯城的時候，我總是心懷愧疚的。」阿爾摩尼婭覺得奇怪，問道：「但是你只有殺掉那凶猛的巨龍，才能建立這座城市啊！」卡德摩斯望著大海的方向，說起了腓尼基故鄉的風俗：「在我們腓尼基人看來，龍是不能被傷害的動物，因為牠是智慧和美德的象徵！」

話音剛落，卡德摩斯的身體就開始變形，他的雙腿合攏變成光滑的尾巴，渾身皮膚都覆蓋了鱗片。在這一瞬間，卡德摩斯心裡明白了一切，他連忙對妻子說告別的話，卻只能吐出蛇芯般的長舌頭，發出「嘶嘶」聲了。阿爾摩尼婭看著變成巨龍的丈夫，哭喊著祈求諸神：「全能的神靈啊，如果你一定要把我的丈夫變成龍，那麼也將我一同變成龍陪伴他吧！」話音剛落，底比斯的王后也變成了一條龍。兩條巨龍交相纏繞著離開王宮，前往伊利里亞（Illyria）生活了。當年在阿波羅神殿中，皮提婭曾經對卡德摩斯說出如此神諭：「幸運的卡德摩斯，在不久的將來你就會從芸芸眾生中脫穎而出，躋身永生一族！」

如今諸神用這個辦法既懲罰了違背傳統殺害龍的卡德摩斯，也賜予了他永生的幸福……

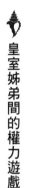

艾麗莎的迦太基——

皇室姊弟間的權力遊戲

在歐羅巴和卡德摩斯離開推羅之後，腓尼基人的聰明才智已經隨著航海家的腳步擴散到四面八方，但推羅人民通常只有前往希臘和埃及做生意，很少涉足偏遠的非洲海域。時間過去數百年，推羅城的主人變成了畢馬龍（Pygmalion），這位貪婪的少年國王一向認為命運不公，為何推羅城中最富有、最有聲望的人居然不是自己，而是美刻爾神廟的大祭司阿克爾巴斯？雖然阿克爾巴斯娶了畢馬龍的姐姐艾麗莎，但這並沒有緩解推羅國王對姐夫的妒忌和憎恨。因為推羅先王曾經為了該傳位給艾麗莎還是畢馬龍而猶豫，所以姐弟之間的手足情誼早已被權力的遊戲所侵蝕。

畢馬龍對黃金的貪欲，以及對於能否坐穩王位的擔憂，就像兩股烈火焚燒著他的心，最後，他決定暗中對姐夫下手……一天傍晚，艾麗莎在王宮中和姐姐安娜嬉戲玩耍，等待著阿克爾巴斯打獵回來好一起回家。但時間一點點過去，直到夜深時分也不見丈夫的蹤影。艾麗莎愈來愈著急，安娜安慰妹妹說：「不要太擔心，阿克爾巴斯是侍奉美刻爾大神的祭司，很可能是附近的城市請他去主持緊急的獻祭祈禱儀式了。」艾麗莎知道姐姐說的有道理，雖然還是有些不放心，於是選擇在王宮中住下了。

躺在床上輾轉反側的艾麗莎乾脆坐起來點燃一支蠟燭，她對著燭光祈禱：「無所不能的天神巴力啊，請保佑我的丈夫吧，讓他快些回到我的身邊，不要再讓我憂心忡忡了！」子夜時分，疲倦的艾麗莎昏昏沉沉睡著了。忽然間，丈夫出現在她面前。白天還神采奕奕的阿克爾巴斯，此時臉色慘白臉頰深陷，頭上還戴著一頂香桃木樹葉編成的花冠。香桃木的花語是愛情密語，但從美刻爾大祭司嘴裡說出的卻是死亡的警訊：

趕快逃走吧，親愛的艾麗莎！

我已經被妳那膽小如鼠又卑鄙無恥的弟弟暗算了。我在打獵途中被畢馬龍以有事相求為由，邀請至他的住所。但我才步入他的宮殿，就被埋伏的衛兵們刺殺了……

他貪圖著我的財產，現在這世上只有妳知道這些財寶藏在何處。快走吧，妳是我唯一的繼承人了。找些可靠的隨從，帶著我的財產遠走高飛吧！不要辜負我的囑託，快走！

艾麗莎在驚呼中醒來，她的額頭滿是恐懼引發的冷汗。緊接著她明白了，這是丈夫的冤魂在向自己示警，她摯愛的丈夫阿克爾巴斯已經不在人世了！既然如此，那麼她一個人苟活著還有什麼意義？推羅的公主本想要追隨丈夫腳步，但她立刻想起阿克爾巴斯的告誡，對，要活著，要逃出去，不能讓畢馬龍的陰謀得逞！艾麗莎近乎狂熱地投入逃跑計畫當中，她十分清楚姐弟之間的親情並不能阻止弟弟繼續揮舞屠刀，畢馬龍為了霸占財富可以不擇手段。

但艾麗莎也是腓尼基貴族之後、推羅王室的傳人，她擁有無愧於祖先的機智和魄力。在這場鬥智遊戲當中，畢馬龍並不是姐姐的對手。艾麗莎連夜召集起幾位忠誠於自己的手下：「我們必須立刻離開推羅，這裡已經變成畢馬龍的屠宰場了！時間緊迫，我們必須趁著夜幕掩護，把阿克爾巴斯的財寶都運到碼頭裝進貨船的底艙。」

看著大家連連點頭稱是，艾麗莎忽然又提出一個匪夷所思的要求：「在甲板上堆滿麵粉袋子。」手下驚異地問道：「公主，我沒聽錯吧！真要堆滿麵粉袋嗎？」艾麗莎毫不猶豫地點點頭確認：「我要去畢馬龍那裡，告訴他我打算去推羅的島城中住一段時間。」

「什麼?!」大家都驚呼起來，他們暗中懷疑自己的公主是不是因為壓力和悲傷而精神錯亂了。艾麗莎露出難以言明的表情，搖搖頭說：「我總得讓他知道我為何要乘船出海吧！」艾麗莎的夥伴們這才恍然大悟，連連點頭，大家按照公主的吩咐將財寶和麵粉統統裝上船，終於趕在地中海日出之前做好了一切準備。

清晨時分，推羅港口的寧靜被海鷗的喧囂打破。夥伴們在船上焦急地等待，終於看見艾麗莎公主的身影出現在碼頭上，她的身邊是一批國王派來「保護」她的貼身侍衛，這些全副武裝的戰士驃悍而精明，寸步不離地緊緊盯著艾麗莎。隨著海螺號角一陣長鳴，水手們解纜升帆，腓尼基式的大海船緩緩離開推羅港，朝向大海航行。

推羅城的輪廓愈來愈模糊，艾麗莎裝作眺望遠方，緩步走到甲板前端。忽然間，她捶胸頓足地號哭起來：「阿克爾巴斯，阿克爾巴斯，我親愛的阿克爾巴斯！沒有了你，我要這些金銀財寶有什麼用呢？既然珍珠、青金石和黃金都無法換回你的性命，對我來說，就和糞土沒什麼區別了！永別了，這些對我無用的財寶，我願從此貧困終老！」

這段半真半假的哭訴，正是艾麗莎的夥伴等候已久的信號，他們一起動手把甲板上的麵粉袋全丟進海裡去了。這下畢馬龍的侍衛們傻眼了，他們甚至連阻止都來不及，裝著麵粉的袋子便瞬間沉入大海，侍衛們沮喪絕望地望著艾麗莎，心知肚明一切都完蛋了。正在王宮裡熱切等待接收姐夫遺產的那位少年暴君，絕不會饒恕辦事不力的手下，這位暴君，有的是一千零一種酷刑等著收拾自己的侍衛……

艾麗莎拿出公主的氣魄，勸說侍衛們效忠自己，顯然他們也沒有其他選擇，就算是殺光艾麗莎及其同黨也沒用了。於是大家齊心協力踏上了逃亡之路，而原本押送艾麗莎的船隻，則變成了她逃亡的工具，大家一同向美刻爾大神祈禱後，一路順利抵達了賽普勒斯島。賽普勒斯島也是推羅的領地，島上侍奉阿斯塔蒂女神的大祭司，盛情款待了公主一行。

大家飽餐一頓以後，開始討論接下來的行動，因為只要賽普勒斯的商船抵達推羅，公主逃亡至此的消息立刻會被畢馬龍知道。希臘？埃及？還是西班牙？大家正在竊竊私語時，躲在一旁偷聽的大祭司出聲了，大祭司知道自己盛情招待公主的事情，已經成為現行的叛國罪證，推羅王一定不會相信自己沒有加入艾麗莎的團隊。與其坐以待斃，不如主動加入，一起腳底抹油先溜……

大祭司特別說明自己加入愛麗莎以後能帶來什麼好處，那就是他手下有八十名美豔如花的阿斯塔蒂神廟神妓，保證能說服這些女孩一起上船，讓所有男人都能分配到一個妻子，這樣一來，不管未來落腳何處，都將有繁衍人口的希望。當然，大祭司也有私心，他希望艾麗莎能夠保證，未來在她的國度中，阿斯塔蒂神廟大祭司的職位將由他以及他的後代世襲。艾麗莎同意了這個要求，反正，對她來說也只是一個承諾罷了。

大祭司眉開眼笑地又為大家指出一條明路，無論是前往希臘、埃及，還是西班牙，全都不可靠，因為這些地方有些是推羅的領地，有些是推羅的交易夥伴，它們的統治者隨時會為了推羅王的酬金而出賣艾麗莎。地中海世界裡只有非洲還是腓尼基人未知的區域，雖然有零星的小型殖民據點，但都還不成氣候。艾麗莎在那片土地上應該有足夠的生存與發展空間。

大家一聽連連點頭稱是，才知道這傢伙除了會拐帶販賣人口以外，確實也是有兩把刷子的……於是阿斯塔蒂的大祭司便帶領一眾女子們登船，大家懷著去非洲殖民的雄心壯志出發了。

艾麗莎一行在海上航行了幾日，這片陌生水域完全不是腓尼基水手們熟悉的航路。瞭望手整日待在桅杆上眺望，尋找海平線上陸地的蹤影。終於有一天，從瞭望手的嘴裡喊出了大家期盼已久的詞語：「陸地！」艾麗莎等人衝上甲板，眺望著遠方那抹遙遠水線上的深色陰影。隨著船隻接近，陰影逐漸拉長，顯露出一塊陌生大陸的輪廓。

這就是非洲，艾麗莎的重生之地！

用牛皮圍出的城市

大家一路歡呼高歌航行到海灘上，男人們把船上的糧食、武器、服裝、馬匹和財寶都搬下船。推羅來客們組成一支旅隊，謹慎地向內陸出發，他們期待著這裡最好是無主之地，或者有個好說話的統治者，能夠接受腓尼基人的安家請求。艾麗莎一行很快遇到了部落，顯然這裡並不是沒有主人的國土。艾麗莎小心翼翼地接近土著問道：「請問這裡是什麼地方？」

「這是我們的村子啊！」
「我是問你們的國家叫什麼？」
「利比亞！」
「請問你們的國王是誰，我能去覲見他嗎？」
「我不清楚，妳問村長吧。」

就這樣，在土著長老的引領之下，艾麗莎終於抵達了利比亞國王亞爾巴斯的王宮中。這個國家還處於半蠻荒狀態，即使是國王，也還住在帳篷裡面。利比亞國王亞爾巴斯是一個卑劣凶殘的暴君，他留著一撮精心修剪過的黑色山羊鬍子，一對三角形的小眼睛裡閃爍著奸詐狡猾的光芒。艾麗莎的到來並沒有引起亞爾巴斯的警惕，畢竟亞爾巴斯也算是見過大場面的人，一條船上區區的百餘名腓尼基人，並沒讓他放在心上。聽完艾麗莎提出購買土地安家的請求，亞爾巴斯思索起來：他渴望財富，但利比亞人的經商能力根本不能與腓尼基人相提並論。要是眼前這位腓尼基公主以及她的隨從們能夠為他所用的話，倒是一個天賜的發財機會。

但是，腓尼基人是這麼精明的民族，要是真讓他們購置土地建立起城市，將來一旦反客為主，自己就要遭殃了，所以應該把腓尼基人軟禁起來，讓他們不得不聽從自己的吩咐。想到這裡，亞爾巴斯哈哈大笑著表示賣土地毫無問題，然後給了一個天文數字般的條件。艾麗莎猶如遭到當頭棒喝，這個數字就算把阿克爾巴斯的遺產全部拿出來都不夠，分明是利比亞國王拐彎抹角的用嘲弄表示拒絕。但推羅的公主已經無路可退，他們如今已拋棄船隻，也無力再度跋涉尋找非洲陸地上的下一個國度了！

「我們利比亞人是慷慨大方的，我決定送給你一塊土地。」亞爾巴斯一邊撫摸著自己的鬍子一邊笑著說，「真的，分文不取，地點任妳挑選！」驚喜的艾麗莎還來不及表達謝意，亞爾巴斯又伸出雙臂比畫了一下：「不過只有一塊牛皮能蓋住的土地，一點兒也不能多，一點兒也不能少！哈哈哈……」一塊牛皮能蓋住的土地？這分明是利比亞國王又一次惡意滿滿的嘲諷行為啊！怎麼辦呢？絕望的艾麗莎閉上眼睛，虔心向天神巴力、推羅守護神美刻爾、仁慈的阿斯塔蒂女神祈禱，並祈求腓尼基人的祖先能夠幫助自己的孩子們渡過難關。

在國王的帳篷外面，艾麗莎的同伴們也都跪在地上虔誠地祈禱，他們祈求腓尼基人信仰的所有神靈，懇請他們施捨憐憫，救助絕境中的信徒和子民。忽然間，阿斯塔蒂女神的聲音在艾麗莎腦海中響起，那是一把點醒她心智的鑰匙：「艾麗莎，牛皮能以很多種方式覆蓋妳要的土地……」艾麗莎睜開雙眼，美麗的瞳孔中射出自信而精明的光芒：「成交！」

當艾麗莎回到夥伴的隊伍裡，大家都向公主投以熱切期盼的目光。艾麗莎宣布，自己與利比亞國王達成了交易，將會得到土地，但是，夥伴們的歡呼聲還沒落地，就聽到土地面積只有一張牛皮大小……大家看著自信滿滿的公主，不由得滿腹狐疑。整條船上一共一百多人，一張牛皮大小的地方，連站都不夠站啊！艾麗莎又一次露出難以說明的表情，朗聲問道：「有誰是裁縫高手？」就在這天夜裡，幾位巧手的賽普勒斯神妓，連夜用剪刀將一整張牛皮裁成極細的牛皮條，男人們則將這些牛皮條首尾相連，沿著一座海邊小山圍成圓圈。

第二天，應艾麗莎邀請來到現場的亞爾巴斯，目瞪口呆地看著狡猾的腓尼基人用牛皮圈出了一塊足夠興建一座城市的土地，而且還是他親口許諾白送的！艾麗莎拿出許多財寶作為接受利比亞土地的回禮，亞爾巴斯弄巧成拙，被迫答應了這樁賠本買賣。這些腓尼基人欣喜若狂，他們將艾麗莎舉起來扛在肩上繞著未來的城市巡遊，人們高呼著「艾麗莎」、「女王」，於是腓尼基人所興建的新國度就這樣誕生了，艾麗莎宣布，腳下這座被牛皮圍起來的城市名叫「迦太基」，在腓尼基語中的意思是「新的城市」，而那座被牛皮圍出來的小山就是後來的迦太基城核心區，被稱為比爾薩衛城，「比爾薩」意思是「牛皮」。

公主的壯志與犧牲

迦太基建立後，吸引了大量推羅海外城邦的移民，腓尼基人從地中海各處向這個新興之城湧來。隨著定居人口愈來愈多，城邦愈來愈富裕，顯然這個「牛皮之城」將長久存在了。艾麗莎為迦太基制定了一部基本法，用法律確定了行政官員、貴族和平民之間的關係，讓迦太基的政治沿著平衡和公正的路線前進，這部法律為迦太基帶來了持續七百年的和平和繁榮。迦太基城的發展日新月異，而利比亞國王亞爾巴斯的憤恨則與日俱增。他每日都在自己的帳篷裡痛悔不該答應艾麗莎的請求，但這樁交易已經在雙方神靈面前發誓達成了，該怎麼挽回顏面，收回迦太基的土地呢？

艾麗莎那美麗的面容和迦太基城的壯麗恢宏，反覆在亞爾巴斯的腦海中出現，最後他想出個奪回土地的無賴招數。既然迦太基已經建立了，而它屬於艾麗莎，那麼只要艾麗莎屬於我，迦太基不就是我的了嗎！第二天早上，身披豹皮的利比亞使者來到迦太基城。他在迦太基元老院裡宣布了亞爾巴斯的來意：我非常仰慕迦太基女王艾麗莎，所以在神靈的啟示下向她求婚。這不是國王陛下的強迫要求，艾麗莎當然可以自行做出決定——但如果她拒絕了，就意味著迦太基與利比亞之間將會爆發戰爭！

元老們一聽都憤怒了，都已說出不答應就宣戰的威脅，還說不是強迫？但他們不敢翻臉將無禮的利比亞使者趕出城去，畢竟根基未穩的迦太基如果陷入戰火，其後果不言自明。正當元老們猶豫著是否要向艾麗莎彙報這個讓人左右為難的消息時，聽聞使者來訪的女王已經來到元老院查問情況了。艾麗莎猜測一定是亞爾巴斯提出了某種無理要求，便拿出王者風範，吩咐元老們不要對無情的命運採取迴避態度。艾麗莎這樣一說，元老們趁機將皮球踢給了女王：「陛下，要面對無情命運的正是您啊，現在您需要嫁給亞爾巴斯，如果您拒絕的話，利比亞軍隊轉眼間就會摧毀我們這座牛皮之城了……」這下艾麗莎傻住了，原來必須做出犧牲的，竟然是自己！

無助的女王在心裡向腓尼基諸神求助，卻沒有得到任何回音。她知道這是神靈們要求她為這個國度的命運做出選擇，眼前的元老和市民們都默默等待著她的抉擇，可憐的女王被自己的豪言壯語逼入牆角，只好渾身顫抖，答應了人民的請求。利比亞使者一路飛奔離開迦太基城，他呼喊著將喜訊告訴沿途經過的每一個村莊：「艾麗莎同意嫁給利比亞國王了！」

亞爾巴斯大喜過望，立即率領侍從帶著聘禮前來迎親，但艾麗莎卻下令架起一座高高的柴堆，她說，自己要在出嫁前向美刻爾大神獻祭，用儀式撫慰前夫阿克爾巴斯的靈魂。在推羅城中跟隨艾麗莎逃出來的朋友們，都懷著複雜的心情站在身穿禮服的女王身邊，現場的氣氛不像是送女王出嫁，倒像是為阿克爾巴斯舉行追思。

黃金、青金石和珠寶都被堆積在柴堆上，獻祭給美刻爾的動物們按照腓尼基的規矩被殺死放血。在利比亞和腓尼基人的見證下，柴堆被點燃了。

艾麗莎看著升騰的火苗，撕心裂肺地哭喊著：「阿克爾巴斯，阿克爾巴斯，我親愛的阿克爾巴斯！」忽然間，艾麗莎在一片驚呼聲中飛快地爬上燃燒著的柴堆頂端！這位美麗的女王站在火焰之巔眺望天空，這一瞬間，那夜在推羅城裡傳來噩耗的恐懼悲傷、逃亡萬里的奔波勞苦、夥伴們用牛皮圍出迦太基城的心手相連，全都化為雲煙，雲端只有阿克爾巴斯的幻影向她走來……

阿克爾巴斯！阿克爾巴斯！我親愛的阿克爾巴斯！艾麗莎掏出藏在禮服裡的短劍，微笑著刺入自己心臟，熊熊火焰吞沒了迦太基的女王……

被諸神遺棄的推羅——

推羅的反抗與亞歷山大的攻城計策

亞歷山大大帝登上馬其頓王位之後，先是征服了希臘，又出兵小亞細亞。在馬其頓軍營的營帳裡，亞歷山大指著世界地圖上的腓尼基海岸說道：「腓尼基諸城邦將歸屬我的王國！」他的將軍們紛紛點頭稱是，亞歷山大興奮得兩眼閃閃發亮：「我的王冠上還少一顆明珠，那就是推羅！你們看吧，推羅這座傳說之城，最終也將是我的！」亞歷山大說到做到，馬其頓大軍立刻向腓尼基出發。消息傳來，腓尼基諸城邦立刻陷入慌亂不安之中。

在緊急召開的腓尼基聯席會議上，大家基本上都自認是最強的商人和最弱的戰士，腓尼基人擅長的是銀彈攻勢而不是短劍長矛。經過反覆討論，大部分城邦都選擇謹慎從事，打算派出請降使者去迎接亞歷山大大帝。唯獨推羅城的使者卻滿懷驕傲地敲打著桌子說：「投降嗎？這是背叛，這是褻瀆！我們的城市是如此顯赫，我們是地中海上永遠的霸主！我們神聖的推羅受諸神垂青，眾神怎能容忍馬其頓人染指推羅？我們必須不惜一切代價奮勇抵抗亞歷山大！」西頓使者戰戰兢兢地問道：「我的兄弟，所以你們確定要與馬其頓開戰嗎？」

推羅的使者搖著頭說：「不不不，我們會用計謀打敗亞歷山大！」

充滿自信的推羅人說到做到，他們準備了一份厚禮，然後派遣巧舌如簧的代表團去覲見亞歷山大。亞歷山大聽說推羅人來了，決定在一艘馬其頓最雄壯的軍艦上接見他們，以顯示自己手裡也有不弱的海軍力量。推羅的代表團見到亞歷山大的軍艦時，心中不禁生起一陣輕蔑，這條船與航海民族腓尼基的戰艦比起來，實在是差遠了。

「尊敬的國王陛下，歡迎來到腓尼基！」推羅代表團團長向亞歷山大問候，「您的大駕光臨令我們蓬蓽生輝！」

「很好，腓尼基人！」亞歷山大也客氣地說道：「你們知道我是推羅守護神美刻爾的虔誠信徒，當然，在我的國度裡他被稱為大力神海克力士。我想去你們的城市裡供奉美刻爾大神的神廟朝拜，向他獻上我的敬意和豐厚的禮物。」

推羅的使者們聽到這番話，不由得面面相覷，如果讓亞歷山大入城，那麼不就等於拱手交出推羅的獨立自由嗎？但在這種場合，他們也不能冒然拒絕，於是團長機敏地回答：

「哦，我的陛下，我們怎敢不答應您的要求呢？但讓您親自到推羅城中朝拜美刻爾實在是有失禮儀，不如我們將美刻爾神像請出神廟，安置到海邊，這樣您就可以在您的戰艦上，時時瞻仰朝拜他了。」亞歷山大聽到這個回答後大為惱火，顯然，推羅人一點都不想被馬其頓人控制，在他看來，這無疑是在向自己宣戰！

「你們這些自以為是的推羅人！」亞歷山大翻臉威脅道：「你們不過是占據了一個小小的天塹，居然就以為可以高枕無憂了！你們住在小島上就敢於蔑視我的步兵嗎？很好，我很快就會讓你們知道，小島依舊屬於陸地，而在陸地上沒有人能戰勝我！」談判破裂之後，雙方開始各自準備一場無可避免的大戰。聽說推羅與亞歷山大翻了臉，其他腓尼基城邦嚇得魂不附體，爭先恐後地向馬其頓人請降。畢竟它們與推羅不一樣，沒有一個遠離海岸、處於深水區的島城能逃離來自陸地上的威脅。

事實上，推羅城的核心是一座軍事據點般的小島，擁有又高又厚的城牆，還有龐大的艦隊保護。每當外敵入侵腓尼基時，推羅人都龜縮在自己的島城裡笑看風雲變化，其他腓尼基城邦就成了跑得了和尚跑不了的那座「廟」，無論是亞述、巴比倫，還是埃及、波斯，這些餓狼般的強大入侵者在打不著推羅時，就會把氣出到其他城邦頭上，誰教大家都是腓尼基人呢！更別說這次打上門來的亞歷山大可是戰神下凡一般的狠角色，從他起兵起，凡是膽敢對抗的城邦無不落得國破人亡的下場，一次次的屠城和全民淪為奴隸，讓馬其頓的敵人都嚇破了膽。總之，其他腓尼基城邦認為這種無聊的遊戲實在不能再上演了，這次無論如何也得搶先站在馬其頓這一邊！

亞歷山大知道，靠著馬其頓海軍登陸推羅島城是不可靠的想法，畢竟馬其頓人真正的撒手鐧是身經百戰的重裝步兵，他有信心在近身白刃戰中，將愚蠢的推羅人打得毫無還手之力。但前提是得能搆得著推羅的島城。關於這個問題他已經有了解決辦法，那就是築堤！

亞歷山大讓士兵們放下刀槍拿起鐽子，從陸地上採掘土方填海，打算硬生生地造出一條通往推羅的大路來。這樣可以讓推羅人的海軍優勢無從發揮，變海戰為陸戰。「可是陛下，我們要從哪裡找到那麼多的石塊和大樹來修築堤壩呢？」希臘人聽到這個命令後，沮喪地問亞歷山大。亞歷山大激勵他們說：「戰士們，拿出勇氣來！你們跟隨我已經征服了那麼多的城邦，摧毀了無數的敵人，贏得了數不清的勝利榮譽和戰利品！現在的這場戰爭可能並不是那麼好打的，但勝利女神還是必將站在我們這一邊！」

美刻爾與雅典娜的現身

亞歷山大並不是推羅人曾面對過的那些西亞君王，他在下令築堤之後就研究過土方材料的來源問題。這位君王的解決方案非常具有亞歷山大個人特色，徹底拆毀推羅的陸地主城，將建築殘骸作為填料，從海岸築堤壩直抵推羅島城！推羅人發現馬其頓人的舉動後大為驚訝，畢竟填海築堤是他們過去從沒遇到過的情況，誰能想像到亞歷山大會採取如此瘋狂的舉動呢？推羅城中的美刻爾神廟煙火不斷，市民們抱著祭品獻給城市的守護神，祈求他盡快顯靈，趕走陸地上的那些馬其頓瘋子。

美刻爾回應了自己的子民，海上刮起狂暴的西南風，馬其頓人的築堤工程被狂風暴雨和巨浪輪番打擊，希臘的軍艦也被風暴掀翻。但亞歷山大身先士卒，率領馬其頓戰士熱切進行著這項浩大的工程，在國王的鼓舞下，希臘人咬牙堅持了下來。與此同時，亞歷山大隨軍的祭司們也向海神波塞頓獻上豐厚的祭品，於是風暴漸漸平息了。馬其頓人的工程逐漸進入深水區，這裡是推羅艦隊能夠活動的領域。推羅的水手駕駛著戰艦接近修築堤壩的馬其頓士兵，盡情嘲笑這些揮汗如雨的希臘人：「看看他們，他們的國王自以為是海神呢！亞歷山大讓他偉大的戰士們像驢子一樣，背著沉重的石塊和土筐幹蠢事，現在我們來讓他們知道陸戰和海戰的區別！」推羅人一邊嘲笑一邊以雨點般的箭趕走了幹活的希臘人。

在屢次受到推羅艦隊襲擊之後，馬其頓的工匠製作了兩座帶輪子的木製巨塔推到堤壩盡頭，這兩座木塔外裹生牛皮防箭，頂端安裝了投石器來打擊靠近的推羅戰艦。推羅人把一艘運輸騎兵用的大船木板舷牆加高，裝滿幹樹枝、木屑、刨花、松脂、瀝青、硫黃等易燃物，趁著西風起時，將這艘火船拖拽到堤壩附近。當接近堤壩盡頭的那兩座木塔時，推羅人點燃火船，在箭雨掩護下將木塔付之一炬。接著，推羅城中的市民帶著決一死戰的勇氣蜂擁而出，他們乘著小船沖到堤壩上，搗毀了護堤的木樁、木柵。雙方的僵持拉鋸持續了一段時間，直到有一天，一場可怕的風暴忽然出現在推羅附近海域。在驚天動地的風雨咆哮聲中，大堤被巨浪打成了渣。

當亞歷山大匆匆走出帳篷查看情況時，感覺像是有一盆冷水當頭澆下來。他辛苦幾個月監工修築的堤壩，連個影子都不見了！馬其頓的士兵們站在雨裡嚎啕大哭，連亞歷山大都手撫著額頭考慮是否應該收兵，不再招惹這些腓尼基魔鬼了。當天夜裡，因為淋雨而發燒的亞歷山大，做了一場奇怪的夢。他在一個詭異的迷宮裡與長著羊角羊蹄的半獸人怪物薩提爾（Satyrus）周旋。薩提爾百般嘲弄亞歷山大，不斷地做鬼臉、說髒話，取笑馬其頓的國王。被激怒的亞歷山大大帝跟蹤薩提爾多時，終於在迷宮中捉住了這個怪物。亞歷山大將牠的手腳牢牢捆起來，然後以其人之道還治其人之身，將羞辱和嘲諷如數奉還給薩提爾。

這時，雅典娜女神出現在迷宮中，她先是祝賀亞歷山大取得了勝利，接著提示他，薩提爾這個名字拆開念的諧音就是「推羅」。當亞歷山大從夢中醒來時，一身大汗的他不僅風寒痊癒，而且還因為獲得神示而有了無比信心，推羅必將是我的！不久之後，推羅人的瞭望哨發現海面上出現了一支龐大的艦隊。毫無疑問，來者絕非朋友，但推羅人毫不擔心，派出艦隊迎擊。馬其頓人根本不擅長打海戰，雖然不知道他們是怎麼湊出這些戰艦的，但推羅海軍有足夠的信心把這些希臘人都送進地中海裡餵魚。

被自己人背叛的推羅

當雙方艦隊逐漸接近時，推羅人感到不對勁了，對面的船看起來怎麼像是腓尼基自己人的戰艦呢？他們的猜測很快得到了證實，推羅海軍逐漸看清楚對方戰艦的旗幟：西頓、比布魯斯，甚至還有賽普勒斯。這可是推羅直屬領地的艦隊！沒錯，亞歷山大率領的正是由近三百艘腓尼基戰艦組成的龐大艦隊。原來，他在因為風暴和推羅艦隊襲擊而暫時失利後，認為必須依靠海軍力量的協助才能摧毀推羅。那麼哪來的現成海軍呢？答案就在推羅的那些腓尼基姐妹城邦身上。亞歷山大親自到西頓等城邦搜集戰艦，推羅的那些腓尼基同胞們當然不敢拒絕馬其頓人的命令，更別說是偉大的亞歷山大大帝親自出面要求「借」船了。大家一琢磨，乾脆我們就加入亞歷山大吧，這回輪到推羅自己面對了！

轉眼間，腓尼基海岸的各大港口為之一空，所有的軍艦都集結在希臘人的旗幟之下，商船也用來給馬其頓大軍運輸給養物資，很快的，亞歷山大手上擁有了一支一百五十艘戰艦的腓尼基艦隊。與此同時，賽普勒斯等推羅直屬領地的腓尼基城市得知亞歷山大擊敗了波斯皇帝大流士三世，並且開始圍攻推羅之後，這些投機分子為了避免與推羅同歸於盡，決定叛變祖國，也湊出一百四十艘戰艦來投靠亞歷山大。亞歷山大帶著龐大的艦隊從海上逼近推羅，為了防止腓尼基人三心二意，他在每艘戰艦上都配置了英勇善戰的馬其頓近衛步兵，而他本人就站在最前端的一艘戰艦上。

推羅艦隊面對由同胞組成的龐大敵艦隊時感到無比震驚，他們這才發現，除了自己之外，所有的腓尼基人都站在敵人那一邊了！絕望的推羅人放棄了正面交鋒的打算，龜縮在兩個港口內避而不出。

亞歷山大見推羅艦隊拒絕海戰，便下令直接攻擊推羅的兩個港口，但推羅人充分利用「埃及人」和「西頓」這兩個港口肚子大、出口小的防禦優勢，將戰艦密密麻麻地擠在狹窄入口處，擋住了航道。

在西頓港，效忠於亞歷山大的腓尼基戰艦跟停泊於最外側的三艘推羅戰艦，船首對船首地戰鬥起來，並憑藉著數量上的壓倒性優勢，把它們打沉了。但那三艘戰艦上的推羅水手在船沉之後都悠然自在地游到岸邊，又回到自己人身邊了。繼續攻擊的腓尼基艦隊發現，推羅的戰艦密密麻麻地擠塞在狹窄入口處，繼續發揮數量優勢已經不可能。他們頂著陸地和海上的密集火力嘗試著攻擊了幾次都不能取得突破，反而是沉船愈來愈多，有阻塞航道的風險，於是亞歷山大便讓艦隊停止攻擊，停泊在新修的堤壩附近。

第二天，他下令來自賽普勒斯的原推羅艦隊戰艦負責封鎖西頓港，以部分腓尼基戰艦封鎖埃及人港，剩下的一些戰艦原地待命。隨著炎熱的七月來臨，推羅城下的築堤工程已經完成。大型攻城器械如攻城木塔、投石器、撞城槌都已造好，並由馬其頓士兵們推過堤壩直抵推羅城牆之下，另外還有些攻城器械被放置在亞歷山大從西頓帶來的運輸船上。當一切準備就緒之後，亞歷山大拔出佩劍用力一揮，馬其頓軍從堤壩上和海面上同時發起了進攻。然而，推羅人也在事前做了充分的準備，他們不僅加固加寬了城牆，在城垛口豎起箭塔，還把大量的石塊拋擲到城牆四周的水裡，形成許多阻止敵艦接近的人造暗礁。

推羅人從木塔裡向外投射出密集的箭石，壓得堤壩上的馬其頓士兵根本抬不起頭來。試圖從海面接近城牆的腓尼基戰艦，大多還沒靠近就觸礁擱淺，這些動彈不得的目標，轉眼間就被火箭點燃，變成熊熊燃燒的大火炬。偶爾有些幸運的戰艦得以接近城牆，開始用撞城槌摧毀城牆時，推羅人就將滾沸的熱油從城頭上倒下來，馬其頓士兵和腓尼基水手們被熱油燙得狂呼亂叫，緊接著城上又丟下無數火把，點燃了熱油，渾身起火的攻城者，哀嚎著跳進海水中死去。至於那些

中世紀版畫，亞歷山大進攻推羅。

躲過熱油的人也難逃木梁的襲擊。推羅人打造出一些巨大的鐵鉤子，他們將房屋的木梁拆下來，掛在鉤子上丟下城頭，做鐘擺運動的木梁，一掃一大片，把敵軍士兵成群地砸死。

眼看得堤壩上和海上的進攻同時受挫，亞歷山大立即下令清除推羅人製造的暗礁。於是馬其頓的戰士們跳下戰艦蹚水接近城牆，艱難地從海裡把石頭搬上船運走。推羅人又為部分小艇裝上鐵甲，快速衝向腓尼基戰艦拋錨處，使他們無法在城下清理暗礁。亞歷山大也如法炮製，為部分三十槳大船裝上鐵甲後，組成一道鋼鐵屏障，橫在泊錨的工作船前。推羅人立刻改派水性好的戰士潛水接近工作船，從水下割斷粗亞麻繩做的錨索。於是亞歷山大又讓士兵們把麻索改成鐵索，讓推羅潛水夫無計可施。終於，馬其頓人清除了水中的石塊，完成了對推羅城的海陸總包圍。

孤絕之城的陷落

就在被徹底圍困的那天夜裡，在推羅元老院中任職的一位法官做了一個奇怪的夢。太陽神阿波羅對他說神靈們已經放棄了推羅，太陽神也要離開這座城市裡的太陽神廟了。法官驚醒後嚇得魂不附體，這神示如果是真的，那麼無疑預示著推羅的萬劫不復！於是他匆匆披衣下床，奔跑在深夜中的推羅街道上，將所有的元老都一一喚醒。得知這一情況的元老院陷入恐慌之中，經過一夜討論，大家在黎明時分來到太陽神廟中哭泣祈求阿波羅不要拋棄推羅，他們甚至想出了將阿波羅神像用大金鏈子拴在美刻爾神像旁邊的辦法，希望推羅的守護神美刻爾能夠勸說神靈們不要放棄推羅人。

出於謹慎的考慮，法官建議立即把高貴家庭出身的婦孺轉移到友邦迦太基派來的朝貢船上去，畢竟迦太基是中立國，馬其頓人可能會放他們一條生路。這項建議被採納了，這是推羅人的運氣，因為就在天亮以後，推羅的末日來臨了……絕境中的推羅人在這天中午發起了一次偷襲。由三艘五排槳和七艘三排槳的快船滿載著精兵，悄悄地逼近靠岸吃午飯的賽普勒斯艦隊。這次襲擊非常成功，賽普勒斯艦隊的水手大多在岸上，無人操縱的戰艦遭受到重創。亞歷山大這時正在岸上吃飯，他丟下食物，立刻帶著一部分腓尼基戰艦支援塞浦路斯艦隊。城頭上的推羅守軍看到亞歷山大出征，連忙大聲呼喊自己人趕緊往回撤。

但出擊的推羅戰士已陷入混戰之中，他們無法打退賽普勒斯人的反擊順利撤離，結果被亞歷山大率領的戰艦前後夾擊，幾乎全軍覆滅。

這場漂亮的反擊戰讓馬其頓聯軍士氣大振，他們乘勝猛攻推羅城。馬其頓陸軍推動著投石器和攻城槌沿著堤壩攻擊城牆，賽普勒斯和腓尼基艦隊則分別猛攻「埃及人」和「西頓」兩個港口。馬其頓陸軍沿著堤壩排成矛尖一般的陣形，手持長矛，舉著盾牌和雲梯，向推羅的城門猛衝。推羅人寧死不降，他們從城頭上不斷澆下熱油，又將弓箭和磚石雨點一般丟下來。馬其頓人悍不畏死地衝鋒，一些戰士踩著雲梯衝上城頭與推羅人短兵相接。青銅兵器的撞擊聲響成一片，不斷有人帶著垂死的哀號從城牆上墜落……

在一片混亂之中，亞歷山大忙著做自己最重要也是最祕密的工作，他指揮著禁衛軍在城牆外快速拼裝起一座巨大的木塔，這座木塔和推羅城牆一樣高，沉重的塔身裡好像藏著極其沉重的物資。當木塔成功豎立起來以後，亞歷山大身先士卒攀登上去，在木塔裡找到了親愛的夥伴——布塞弗勒斯（Bucephalus）。這是太陽神阿波羅賜予亞歷山大的坐騎，阿波羅曾透過德爾斐神諭（Oracle of Delphi）告訴亞歷山大的父親腓力二世：「誰能騎上一匹有著牛頭記號的馬匹，誰就能統治整個世界。」而布西發拉斯不僅身形比一般戰馬大得多，額頭上也正好有一個公牛頭一樣的白斑。

被藏在木塔上的除了布塞弗勒斯以外，還有其他幾匹戰馬，亞歷山大忠心耿耿的衛士隨後也攀登上木塔，他們就是跟隨陛下南征北戰的「夥伴騎兵」。亞歷山大向敵人的城根放下便橋，緊接著翻身上馬。就這樣，馬其頓的騎兵在太陽神阿波羅的幫助下，從天而降登上了推羅的城頭！

整個戰場上的人都被亞歷山大的英姿震攝。他揮舞長槍，衝破彩虹淩空而下，身上的黃金鎧甲反射出萬點金光，如同戰神阿瑞斯附體般，銳不可擋。推羅士兵的武器紛紛落地，馬其頓人則發出氣沖霄漢的歡呼。與此同時，推羅人的腓尼基同胞已經佔領了南北兩個港口。

推羅人見大勢已去，便紛紛退到王宮做最後抵抗，亞歷山大率領近衛軍一陣猛攻後攻破了王宮，推羅終於陷落了……

為了報復圍城時推羅人殺害戰俘的行為，馬其頓人進行了屠城，推羅的青壯年男子幾乎都無法逃脫馬其頓人殺紅眼的屠刀。鮮血染紅了大街，成群結隊的婦女、兒童，被馬其頓人從富裕的住宅中抓出來，用繩索拴成一串，押送到城外的奴隸市場，像動物一樣被出售。

古希臘風格的青銅頭盔。

美刻爾神廟中的避難者戰戰兢兢地等待著末日來臨，就在馬其頓士兵們拎著長矛歡呼著殺進來時，亞歷山大大帝忽然聽到一句耳語般的提醒，這是美刻爾神不忍看到自己的子民毀滅殆盡，於是對征服者發出的警告。亞歷山大騎著自己的布塞弗勒斯風馳電掣般穿過血可沒膝的街道，來到美刻爾的神廟門外，制止了自己士兵的搶掠和屠殺。亞歷山大走進神廟，越過那些匍匐在自己腳下祈求憐憫的推羅人，他們是推羅國王和部分名流要人，以及一些從迦太基來的朝拜者。

他對著美刻爾的神像施禮：「偉大的大力神海克力士，或是腓尼基的守護者美刻爾，我向您致敬！為了表達我的虔誠，所有在您的聖殿中躲藏的避難者都會被赦免，他們不會死於殺戮，也不會被賣為奴隸，這全是仰仗您的榮光！」

在夢中受到阿波羅啟示的推羅法官也躲在美刻爾神廟中避難，他和其他人一樣，成為被亞歷山大大帝饒恕的幸運兒。

當他顫抖著走出神廟時，看到的是祖國被毀滅的悲慘場景。亞歷山大的軍隊排成火炬長龍進行遊行以紀念這次輝煌的勝利，一個個希臘人戴著羽毛裝飾的青銅頭盔，吹著號角從他身邊列隊經過，征服者們陶醉在自己偉大顯赫的武功當中。法官悲愴地看著美刻爾神廟逐漸被蔓延的火焰吞沒，耳邊傳來生還者走向奴隸生涯的無助哭號，他舉起手，想向上天所有的神靈求問祈禱，卻無法發出一言一語。

終於，他放棄了對神靈的質問，接受了自己和祖國的命運。在氣勢雄渾的馬其頓閱兵式舉行的同時，法官裹緊身上的長袍，蹣跚地走出城外，永遠離開了被諸神遺棄的推羅……

尾聲

腓尼基神話是來自東方民族的古老回憶，這些勇敢的冒險者離開自己狹小的故土，將足跡留在整個地中海世界。

無論在神話中還是現實中，腓尼基人都是開闢文明之路的先行者。那些好奇又開放的腓尼基水手走遍世界，將他們探索出的航海技術、發明的腓尼基文字、傳述的神話傳說散播到四海之外，為源於地中海的西方世界點燃了文明的星星之火。

腓尼基海岸地處山海之間，他們的家園雖然富庶卻時刻面臨強大鄰國的威脅和覬覦。在歷史上，那些強大的鄰居從未放棄過對腓尼基的控制和影響，也正因為如此，腓尼基神話才得以吸收了迦南、埃及、亞述、巴比倫、西臺、希臘乃至於羅馬神話的元素，同時也艱難地保有了自己的民族獨創性。

雖然腓尼基神話只留下了殘缺的片段，甚至只能透過其他民族的轉述來流傳後世，但這些源自蒙昧時代的動人故事已足夠讓我們回味不已。我們在感慨他們神奇的命運之餘，更讚歎這個民族的天分和努力。

別了，腓尼基人；別了，腓尼基神話……

Bias　畢阿斯

Bomilcar　波米爾卡

Bruttia　布魯蒂雅

Bucephalus　布塞弗勒斯

Byblos　比布魯斯

Byrsa　比爾薩

C

Canaan　迦南

Cape Bon　卡本半島，又名邦角，今突尼西亞東北部

Capitoline Hill　卡比托利歐山

Caracalla　卡拉卡拉

Celt　凱爾特人

Charles-Augustin Sainte-Beuve　聖伯夫

Chronos　克洛諾斯

Cinyras　辛尼拉斯

Citium　基提翁城

City State　城市國家

Clitarco　克來塔卡斯

Code of Hammurabi　《漢摩拉比法典》

Constitutio Antoniniana　安東尼努斯敕令

Corinth　科林斯

Cyrene　昔蘭尼

D

Dardanelles　赫勒斯滂海峽，即達達尼爾海峽

Darius III　大流士三世

Darius I　大流士一世

Dido　狄多

Diodorus Siculus　狄奧多羅斯

Dionysius I　大狄奧尼西奧斯

Dionysus　戴奧尼修斯

E

Edict of Milan　米蘭敕令

Eileithyia　埃勒提亞

Elissa　艾麗莎

El　埃爾

Engedi　隱基底

Epeiros　伊庇魯斯

Eshmunazar II　埃什穆納札爾二世

Eshmunazar I　埃什穆納札爾一世

Etruria　伊特魯里亞

Euboea　尤比亞島

Eumaios　歐邁俄斯

Europa　歐羅巴

Evia　尤比亞島

名詞對照表

A

Ab Urbe Condita　《羅馬史》

Abibaal　阿比巴力

Abraham　亞伯拉罕

Acerbaas　阿克爾巴斯

Achaea　亞該亞人

Acragas　阿克拉伽斯

Adonijah　亞多尼雅

Adonis　阿多尼斯

Aeneas　埃涅阿

Agamemnon　阿加曼農

Agathokles　阿加托克利斯

Agenor　阿革諾耳

Ahab　亞哈

Ahmose II　雅赫摩斯二世

Aineías　艾尼亞斯

Alcmene　阿爾克墨涅

Alep　阿勒坡

Amenhotep I　阿蒙霍特普一世

Anatolia　安納托利亞半島

Anat　阿娜特

Anaximander　阿那克西曼德

Antiochus III　安條克三世

Aphrodite　阿芙蘿黛蒂

Appius Claudius Pulcher　阿彼阿斯・克勞狄烏斯

Apries　阿普里斯

Archagathus　阿奇埃加瑟斯

Ares　阿瑞斯

Arsay　阿爾賽

Asculum　阿斯庫倫

Asherah　阿舍拉

Ashurnasirpal II　阿淑爾納西爾帕二世

Astarte　阿斯塔蒂

Atargatis　阿塔伽提斯

B

Baal Hammon　巴力・哈蒙

Baal　巴力

Badakhshan　巴達克珊

Battle of Alesia or Siege of Alesia　阿萊西亞之戰

Battle of Beneventum　貝內文托會戰

Battle of Cannae　坎尼會戰

Battle of Chaeronea　喀羅尼亞戰役

G

Gaia　蓋亞

Gaius Julius Caesar　凱撒

Galatea　加拉蒂亞

Gambises　岡比西斯二世

Gelon　格隆

Gisco　吉斯戈

Gnaeus Pompeius Trogu　龐培・特羅古斯

Gustave Flaubert　古斯塔夫・福樓拜

H

Hadad　哈達德

Halicarnassus　哈利卡那索斯

Hamilcar Barca　哈米爾卡

Hannibal Barca　漢尼拔

Hanno　漢諾

Harmonia　哈爾摩尼亞

Hasdrubal　哈斯德魯巴

Hécatée　赫卡泰

Hecuba　赫庫芭

Hephaestus　赫菲斯托斯

Heraclea　赫拉克利亞

Hera　赫拉

Hercules　海克力士

Hermocrate　赫莫克拉提斯

Herodotus　希羅多德

Hiero II　希羅二世

Himera　希梅拉

Hiram I　希蘭一世

Historiae　《歷史》

Horus　荷魯斯

Hurrians　胡里安人

Hyksos　西克索人

I

Iarbas　亞爾巴斯

Iberian Peninsula　伊比利亞

illyria　伊利里亞

Inachus　伊那科斯

Ionia　愛奧尼亞

Io　伊娥

Isaac　以撒

Isis　伊西斯

Issus　伊蘇斯城

Iuppiter　朱比特

J

Jezebel　耶洗別

Joab　約押

Juno　朱諾

Semiramis　賽米拉米斯
Semitic　閃米特人
Sennacherib　辛那赫里布
Septimius Severus　塞提米烏斯・塞維魯斯
Setnakhte　塞特納克特
Smendes　斯門德斯
Solomon　所羅門
Soras　索拉斯
Spencer Wells　斯賓塞・威爾斯
Statius　羅馬詩人斯塔提烏斯
Story of Wenamun　《溫阿蒙歷險記》
Sufets　蘇菲特
Sumer　蘇美文明
Sur　蘇爾

T

Tajo　太加斯河
Tallay　塔拉伊
Tanit　坦尼特
Taormina　陶爾米納
Tarentum　塔倫圖姆
The Battle of Leuctra　留克特拉戰役
The Eye of Horus　荷魯斯之眼
The Iliad　《伊利亞德》
Thebes　底比斯
Thessalia　色薩利
Tiglath-Pileser III　提格拉斯皮爾斯三世
Timaeus　蒂邁歐
Titus Flavius Vespasianus　提圖斯・奎恩科提烏斯・弗拉米尼努斯
Titus Livius　提圖斯・李維
Tophet　陀斐特
Typhon　巨妖提豐
Tyrrhenian Sea　第勒尼安海

U

Udjahorresne　烏加霍列森尼
Utica　尤蒂卡

V

Vergil　維吉爾

Y

Yam　雅姆

Z

Zadok　祭司撒督

Olbia　奧爾比亞城
Olympias　奧林匹亞絲
Oracle of Delphi　德爾斐神諭
Osroene　奧斯若恩王國
Ostia Antica　奧斯提亞安提卡

P

Paullus　鮑魯斯
Pausanias　保薩尼亞斯
Peace of Callias　卡里阿斯和約
Peloponnesian War　伯羅奔尼薩戰爭
Peloponnisos　伯羅奔尼薩
Persephone　珀耳塞福
Phanes of Halicarnassus　法涅斯
Pheidippides　菲迪皮德斯
Philip II　腓力二世
Philip V　腓力五世
Philistine　非利士人
Philistus　菲利斯托斯
Phoenicians　腓尼基人
Phoenicia　腓尼基
Phoinix　腓尼克斯
Pidray　皮德拉伊
Pierre Zalloua　皮耶爾・札羅亞
Plutarchus　普魯塔克
Polyphemos　波利菲莫斯
Poseidon　波塞頓
Priene　普里耶涅
Ptah　普塔
Ptolemaic II　托勒密二世
Publius Cornelius Scipio Africanus　科爾內利烏斯・西庇阿／大西庇阿
Pygmalion　畢馬龍
Pyrrhus　皮洛士
Pythia　皮媞亞

R

Ramesses III　拉美西斯三世
Ra　拉（太陽神）
Remus　瑞摩斯
Rhegium　利基翁
Romulus　羅穆盧斯

S

Sabratha　薩布拉塔
Salammbô　《薩朗波》
Satyrus　薩提爾
Scipio Aemilianus　西庇阿・埃米利阿努斯／小西庇阿
Scythia　西徐亞
Segesta　塞傑斯塔
Sekhmet　塞赫麥特
Semele　塞墨勒

腓尼基神話

影響希臘與羅馬神話，地中海紫紅之國的神祕傳說

作　　者　龔琛
封面設計　白日設計
特約編輯　徐詩淵
內頁排版　陳姿秀
行銷企劃　劉育秀、林瑀
行銷統籌　駱漢琦
業務發行　邱紹溢
業務統籌　郭其彬
責任編輯　何韋毅、李世翎
總 編 輯　李亞南
出　　版　漫遊者文化事業股份有限公司
地　　址　台北市松山區復興北路331號4樓
電　　話　(02) 2715-2022
傳　　真　(02) 2715-2021
服務信箱　service@azothbooks.com
網路書店　www.azothbooks.com
臉　　書　www.facebook.com/azothbooks.read
營運統籌　大雁文化事業股份有限公司
地　　址　台北市松山區復興北路331號11樓之4
劃撥帳號　50022001
戶　　名　漫遊者文化事業股份有限公司
初版一刷　2022年5月
定　　價　台幣360元

ISBN　978-986-489-620-2

圖書許可發行核准字號：文化部部版臺陸字第111004 號

國家圖書館出版品預行編目 (CIP) 資料

腓尼基神話：影響希臘與羅馬神話，地中海紫紅之國的神祕傳說／龔琛著.-- 初版.-- 臺北市：漫遊者文化事業股份有限公司，2022.05
272 面；14.8×21 公分
ISBN 978-986-489-620-2（平裝）
1. 神話　2. 腓尼基
284　111004166